問神解答班

願將本書獻給我最親愛的父母、家人和一路照看及支持我們的眾神們。

作者序

在某一年的除夕團圓圍爐晚餐，我們一家人，正在圍爐話家常時，就在這時候家中最小、又最調皮的小阿杰突然插話問老爸：「公公、公公，我們一家正在圍爐吃除夕團圓飯，那神明們要不要也吃除夕團圓飯呢？？」如此這般一個天外飛來、完全出乎我們意料之外的問題，打斷了大人們的八卦話題。

乍然之下，全家人聽到這樣的問題，在座所有的大人們一下子，也不知該如何回答，一片寂靜，互相看了對方一下，大約過了五秒鐘後，除了小阿杰以外，全家人哄堂大笑。老爸笑看著小阿杰回答說：「阿孫，神明當然也有吃除夕團圓飯，只是吃的跟我們不一樣，知道了嗎……。」

回想起來，這已經是很多年的事情了，原本家中只有老爸、老媽關心「拜拜」的事情，沒想到小阿杰的無心之問，問出了一家人七個人，對於「拜拜」的認知天差地遠，竟有七種答案、四種方法，當下每個人都會重申自己的主張，以證明自己的主張才是正統。因此小阿杰每次問有關拜拜或神明的問題時，我們家當下就會開起了「拜拜」討論會。

在每一次的討論會中，都讓原本只在乎忙碌生活的我們，也開始願意花心思、認真思考

「拜拜」這件事情，並且透過每一次的討論過程，重新凝聚全家人對家中事務的向心力。也使得一直以來認為「拜拜」理所當然或人云亦云的做法，經過深思熟慮後產生了全新生命與價值，不再只是無意識的習慣行為，而是將「拜拜」這樣的行為，轉換成能夠更加彰顯它存在的價值。

在我二十九歲那年，我幫忙了一個宮廟的「拜拜」活動，算是我第一次正式替媽祖服務的機緣。自從答應承接活動開始到活動結束那幾天，我幾乎每天都作奇怪的夢，雖然曾有人跟我說，那是媽祖顯靈，只是我當下不相信，究其原由是：我真的很害怕，擔心說如果我信了，我這一輩子就會被困在宮廟裡面，說不一定還會變成乩童，可是這並不是我想要的人生，我還有我想要完成的夢想，而且我也從小就對宗教這種東西不感興趣，總覺得這是很虛無飄渺、無法用科學實證的概念，「拜拜」純粹是配合家人的行為唄。所以自從那場活動後，我幾乎排斥所有的宮廟活動，除非是例行的、簡單的拜拜之外，其餘的根本就不會多想，也不會想去。就是希望大家都能忘記我曾經有過這樣的經歷，以避免不必要的聯想或串聯。

在三十一歲那年夏天，我發生了一場不算小的車禍——我被計程車撞飛，倒在馬路上。也許是上蒼垂憐，讓我沒死、沒殘也沒留下重大後遺症，老天爺留了我一條命，後來還讓我有機會可以出國念書完成碩士學位，回想起來，或許神明對我還是有所期待的。

十多年過去了，老爸早已經在另外一個世界過日子，老媽也不再像以前那樣健朗了，小阿杰原先只是讀幼稚園的小孩，如今也將成為國中生了。自從老爸離開人世，對於「拜拜」

這件事，我們家已經不再像從前那樣鋪張作為，而是改成最簡便的方式，因此家中的祖先牌位也就順勢不設立了。主要還是擔心老媽看到、想到會難過，所以能免就免，最後只保留神明的部分，畢竟神明也已經跟我們一起生活超過三十年以上，早已經是我們的精神支柱之一。

或許有人說不設立祖先牌位，將無法得到祖先庇蔭，為此，當下我們也想過這部分的問題，後來想通了：「任何宗教都告訴我們『心誠則靈』。」既然如此，對於祖先或先父部分，若真的有心，家中牌位設立與否，不應會改變我們的心意才是，而且全台有這麼多廟，屆時真有需要再去廟裡處理就好，何必為了讓自己安心，而徒增老人家感傷。「天下無難事，只怕有心人」，所以後來我們家只要需做任何祖先祭祀行為就去廟裡處理。

三年前老媽身體有恙，臨時進急診住院治療，當下醫師也苦尋不到良策，而且藥石無效，我們心焦但又沒法幫忙，這時我才想起，或許還有最後的一個機會可以嘗試：就是看似最不科學又迷信的求神問卜。只要有一線希望就應該去嘗試，不要放棄，而且如果我的運氣不錯，或許還可以得到神明眷顧……。

回想起來，當時的自己對「拜拜」這件事情，應是有諸多誤解，其因來自於經常從電視新聞聽到太多騙人的案例，總覺得這就是華人慎終追遠的習俗，而我們又都以炎黃子孫自居，理所當然要跟著做，故也就沒有多想，即便老爸生前會隨手放個兩本經書在家裡茶几上，或是子孫倆對話時，我總認為老人家又開始講那些天方夜譚的「洗腦文」，根本沒放在心上，所以真的碰到事情要處理時，我一時還真的不知如何是好。

就在這次半信半疑的祈求之下，結果真的如願地，老媽安然出院回家，後續也一直得到媽祖出手幫助渡過幾次難關，這時我才真正相信「神明助人與信仰的力量」確有此事，而非穿鑿附會，不然以前都認為純屬巧合。

回想起當初，每一個小阿杰提問的問題也都是經過我們全家人激烈的討論之後，才越來越能夠理解信仰的真正意義。自此之後，我們開始去了解與學習一些關於宗教方面的知識，並且重新對於敬神、拜神、問神等求神問卜有全新的認知，因此導正了一些以訛傳訛、似是而非的觀念，撥亂反正。

在經過這一連串的重新學習後，我和我們家也因此碰到很多不可思議的事情，而且很多事情都是我前所未聞的，幸好透過眾神明一步一步的帶領，抽絲剝繭，讓我與家人可以一次次地跨越那些障礙，解決那些無法想像的問題。每當一個問題解決之後，全家人因此更加有向心力，我想這才是神明想要的——家和萬事興，這也讓我更加地了解到，神明真正想要的並不是我們可以想像的。尤其很多時候，當我們被自己的情緒、人情、或是金錢財富所干擾時，使得判斷失焦，反而相信了一些旁門左道的方法，讓很多有心人利用人們敬畏無形界的觀念，打著神明旗號，在外面招搖撞騙，反而使得正統宗教文化與信仰的價值蕩然無存。

事後回想，我深深地感受到，神明要的是——「我們真心的付出與實踐」，或許執行的過程很痛苦，結果也不一定非常圓滿，在一切塵埃落定之後，驀然回首，我發現神明只是一直在提醒我們：我們的潛能無限，每個人的資源都很豐沛足以解決眼前的問題，剩下就憑

「心」，而不是講一些華而不實的口號，或消耗大量人力物力方可解決，究其原由只因我們心有旁騖，所以我們視而不見。而神明提點我們的，就是要我們去看清楚、重新認識身邊的人事物，不再受莫名的干擾，方可做出正確的判斷，這才是信仰真正的價值。

反觀神明祂們真正所想要的，並不是世人建立富麗宏偉的廟宇，或是另立它廟，或是宣揚某神明多厲害、或是變成乩童等方式來回饋給神明，而是期待我們在祂的指引下，重新吸納、真正學習到做人處事的原則，進而去幫助更多需要幫助的人，讓社會更加祥和穩定。因此我只能說神明所期待的回饋，根本不是你可以用金錢來衡量的，祂的高度與眼界和現世人們認知的價值落差頗多；這也說明祂為何可以得到很多信眾的膜拜，至死不渝，這才是祂想要彰顯「祂存在」的真正意義與價值，也是我們應該努力追求與學習的部分。

時代進步，科技發達，許多宗教活動也不再侷限於地方性事務，不知從何時開始，臺灣各地「大拜拜」活動可以說是全台總動員，甚至像大甲媽祖繞境活動，已經是世界三大宗教活動盛事之一。若找個時間上網蒐羅一下，你將可以發現，在臺灣只要想參加「大拜拜」活動，幾乎每周都可以找得到有辦活動的宮廟，只是規模大小不等，這樣看起來，「拜拜」在臺灣也算是顯學了，即便如此，社會大眾對於拜拜與信仰的正確觀念還是有限。

撰寫此書，早在去年年初，某次到廟裡拜拜、詢問工作事宜時，神明便指示要我準備出書，當下我只想說「這談何容易」，因此我只能不置可否，不做他想。過兩個月後，再回廟裡拜拜，神明還是給我同樣的指示，這時我也心中嘟囔地唸著：「寫書？我哪會？」而且我認為尚不可行，需待我好好思考再說，也就先行擱置。

沒過多久的某天晚上，有兩個人來夢裡唸我一頓，跟我說：「妳怎麼還不行動，妳還要等多久，妳就寫現在每天做的事情，還要想啥，聽懂了沒有？」

我當場被驚醒，這總不會是祢們倆來跟我說的吧？於是我當週又找個時間去廟裡問清楚，原來是神明催促我快點行動。現在回想起來或許神明有看到我的努力，希望借助我的親身經歷，重新傳遞「正確拜拜」的觀念，匡復正道，讓更多人去相信，信仰真正的價值與力量，碰巧出版社的黃谷光先生對於此內容頗感興趣，願意協助出書一事務，使得此書得以問世。

回想起當時小阿杰一時的無心之問，開啟了我們家「拜拜」文化教育與傳承，讓我們這一代還有機會能夠好好了解何謂「拜拜」和正確的觀念，並在後續的服務與學習過程中，當作基石與養分，使其茁壯與成長。

這些年來，國內知名的「大拜拜」活動一年比一年更加熱鬧，參與的人也一年比一年多，當大家都在跟著做的時候，你是否有勇氣及好奇心和我家的小阿杰一樣，提出「拜拜大哉問」？就讓我們回到當時，跟著小阿杰一起進入那個不一樣的「拜拜世界」吧。

目錄

第一章　住在家裡的貴客

一個天氣晴朗的假日午後，老爸、老媽一如往常地在自己臥房中午睡，我正從外面回來，發現家中不知哪裡傳來咿咿呀呀的聲音，我急忙趕去小孩房查看，打開門一看，結果沒人，我開始循聲尋找來源，終於發現，原來這聲音是從老爸、老媽的房間方向傳出來的。平常老爸、老媽午睡是不關房門的，我偷偷探頭一望，發現了小阿杰。

這小孩平日就喜歡找老爸、老媽，當然老爸、老媽也很高興有小孫子可陪伴，享受著含飴弄孫的天倫之樂，只是我沒想到連午覺時間都來跟老爸、老媽擠。只是看他睡的樣子，我判斷應該是偷偷溜進去的，不然怎麼會擠在倆老腳邊，彎曲著睡？

關於我家倆老平日睡午覺不關房門一事由來已久，這從我小時候開始就是這樣，究其個中原由，主要還是擔心孩子們吧！所以，小孩要溜進來一起睡，原則上一點都不困難；至於咿咿呀呀不知道是做惡夢，還是不舒服？

就在這時，倆老也已經被小孩的聲音吵起來，並安撫著小阿杰，沒多久小阿杰就沒聲音繼續睡了。倆老看到我便說：「阿梅，妳回來啦，趕快來幫忙把小孩弄正，放到床中間，不然等一下翻身就掉下去了。」

我立即進去幫忙，發現這小子看起來不重，其實還是有點分量的，搞得我也滿頭大汗，氣喘吁吁。倆老索性將他們的床讓給小孩，自己到客廳坐著繼續打盹，我也回房裡去做我的事情。

約莫過了一小時左右，小阿杰自己躡手躡腳地從倆老房間走出來，經過我的房間門口，正巧我打開房門，發現了小阿杰，他趕緊用跑的跑進自己房間。當下我覺得這小子行為怪怪的，一副好像幹了壞事的樣子，就先到倆老房間去探個究竟，結果啊……有人尿床啦。

我連忙去敲小孩房間門說：「小阿杰！你別躲了，你尿床喔～趕快出來，準備洗澡換衣服，不然會臭臭的，等一下媽咪回來可是要罵人了！」接著又叫道：「媽，你們的床被小孩子尿濕了，趕快來幫忙將床單和墊布換一下、放到後面洗衣機，等一下跟小阿杰換下來的衣服一起洗……。」

我講完後過一會兒，小阿杰自己打開房門，然後沒說話，看起來應該是知道不該如此來認錯的，於是我跟小阿杰說：「你這樣才對。」

小阿杰手上拿著一件我老姊新買給他的衣服，然後頭低低地跟我說：「阿姨我想要換這件衣服，還有妳不可以跟媽咪說我……。」

我回答說：「壞小子～尿床了，你還給我躲起來，這行為是不對的，知道嗎！」

小阿杰低著頭不敢回答，我接著說：「你先去找公公，在客廳等我一下。」然後對著客廳喊：「爸，這小子你先看一下，不能讓他坐沙發和地上，我先準備一下換洗的東西。」

過了幾分鐘後，我站在浴室門口喊說：「小阿杰，來阿姨這裡，我們要洗澎澎囉！」這時，小阿杰很高興地兩步併作一步向我跑來，什麼事情都沒發生過般，感覺像是來浴室玩的。

就在幫小阿杰洗澡時，我問他：「你～剛剛怎麼跑去跟公公、阿嬤擠，不睡自己臥房，而且還尿床，把公公、阿嬤的床都弄髒了？」

小阿杰一副很委屈的表情跟我說：「阿姨～我怕怕！」

我接問：「你作惡夢囉？沒事的，大白天，不用擔心，有公公、阿嬤陪你啊，沒啥好怕的！」

小阿杰指著外面說：「阿姨，妳不知道，那裡有白白、暗暗好可怕，而且有時候白白的、紅紅的，還會一閃一閃，有時又都暗暗，我真的好害怕……。」講著講著一副又快哭了的樣子，我連忙安慰著說：「沒事的，家裡很安全！」

我將小阿杰形容的樣子想了想，實在有點想不明白，倒底在說哪裡？而且大白天的，家裡也不用開燈，哪裡會有白白、紅紅、一閃一閃又暗暗的地方，那是什麼？我實在摸不著頭緒，然後就問小阿杰說：「你剛剛跟阿姨說有紅、有白、有黑、有亮的地方是哪裡？你確定我們家有這種地方？我住這麼久怎麼都不知道啊？」

小阿杰回答說：「就是那裡，公公、阿嬤房間旁邊，有一個小房間，裡面有個桌子，上面都會放很多好吃的東西……。」

這時，我才晃然大悟：喔，原來是家中的神明廳啊……。

終於幫小子洗好澡也換好衣服後，我跟小阿杰說：「洗好了、衣服也換好了，是你指定的喔，嗯～現在聞起來香香的，好了，我們出來了喔！」然後，我又自言自語地說著：「原來小子講的是那裡，不知跑到那裡裡去幹嘛的，該不會是想去拿零食？只是神明廳原則上一整天都有點燈啊，也不可能像他說的這樣子，除非……。」

將小阿杰帶到客廳後，我跟老媽說：「媽，幫忙顧一下，我還要弄浴室。」並轉頭跟老爸說：「你孫說，我們家神明廳怪怪的，你看一下是怎麼了，好像跑進去被嚇到了。」

聽完後老爸看著小阿杰說：「你這小子喔，去幹壞事對不對！」然後又對我說道：「對了，梅梅，我跟妳媽已經將我們的房間先弄好了，不然等妳弄可能要臭死了。」

我接著說：「小阿杰你過來，你的臥房我也要檢查，說不一定你在裡面幹了什麼不能說的『秘密』。」

小阿杰搖頭回答說：「我沒有，我沒有，阿姨我都很乖～。」

我就跟小阿杰說：「跟我去檢查一下。」

我看了看房裡，然後對小阿杰說：「嗯～好像是喔，等一下，要檢查旁邊的廁所。」

這時小阿杰攔著我叫：「阿姨～。」

我說：「你幹壞事喔～？我要檢查！」就這樣邊走邊說，走到另一間廁所時，我連忙回頭喊：「啊，爸，廁所快要淹水了！」然後我生氣地看著小阿杰：「小阿杰你玩水喔！被抓到了吧！」

老爸聽見後走了過來，我對老爸說道：「咳，小皮蛋一個，你把小子趕快帶走，我來處理。啊~對了，這小皮蛋，今天早上可能是去了神明廳，好像是要找零食吃，但不知道怎麼被嚇到了，所以中午不敢自己睡，只好跑去跟你們擠，你等一下有空去看看是不是哪裡壞了，不然你們這個小寶貝，可能以後都會跑去跟你們擠和尿床了！」

老媽回答：「哪有這麼誇張。」然後就向小阿杰揮揮手：「來~阿嬤這裡！」小阿杰順從地走過去老媽那邊。老媽看著小阿杰說：「聽說你被嚇到了啊，家裡有神明庇佑，沒有壞東西，別怕、別怕！」

老爸聽完我的話之後便往神明廳的方向前進，到了門口便說：「好好的啊，沒問題！很亮啊！」

我將兩間廁所整理好後，也去神明廳看了一下：「是好的，這兩天是不是有壞掉啊？」

老爸回答：「今天早上才叫妳姊夫幫我換燈泡的，修好了大燈沒開啦，但是也不至於嚇到！」

「小子說有白白、紅紅、一閃一閃、暗暗的，我看也沒有啊！」

「可能是剛好大燈沒開，神桌燈開著，不夠亮，小孩自己走進來怕吧，只是不曉得他來這幹嘛？」

我笑著說：「一定是來找零食的，不然還能幹嘛！對了，爸，心病還需心藥醫，你現在有空就帶他去神明廳坐一坐，讓他看看，順便跟他們解釋一下因為電燈壞掉了，沒有開大燈，現在大燈修好啦，跟以前一樣，讓他不要怕了，不然喔我看今天晚上他又要作惡夢了。」

老爸回答我說：「難怪，我看他今天好像都沒去那邊，知道了。」說完，老爸就帶著小阿杰去神明廳看看，我則繼續整理小阿杰留下來的殘局。在整理浴室的期間，還時不時可聽到小孩笑聲，我想應該沒事了。等都弄好了之後，便將小孩帶到客廳玩，等著老姊和姊夫回來，一起出去吃晚餐。

今天我們全家到外面吃飯，餐廳服務生幫我們找了一個安靜的包廂，趁著點完菜、還沒上菜之前的空檔，我跟老姊提起下午的事：「你們家這個小子，膽子很小嘛！妳知道嗎，他被神明廳壞掉的燈給嚇到了，中午睡覺跑去跟老爸老媽擠一張床，結果作惡夢、尿床，不知道是像誰喔？下午我有請老爸帶他過去神明廳那邊，讓他知道沒事了、不要怕，希望今天晚上不會再尿床了，嘻嘻。」

老姊回我：「小孩還小，之前沒遇過，會害怕是很正常的，妳小時候也很膽小，還說他，倒是他自己會去那裡，我很訝異。」

我說：「有啥好訝異，那裡又沒有特別設立門禁，又不是寫了生人勿近的地方。妳不喜歡去，不代表他也要和妳一樣，妳才想太多了。而且講白了，那裡可是隨時都有零食的地方，小孩子喜歡去是理所當然的……。」這時剛好服務生敲門、要上菜了，也就中斷了我們的話題。

用餐過程中，我們的話題已經改成閒聊一些最近發生的八卦議題。用餐完畢，大家在餐廳坐著休息一下，這時小阿杰開始有點坐不住，想要嬉鬧一番，突然地從椅子上溜下來，跑到老爸的身邊，拉著衣服說：「公公、公公，神明的家壞掉，為什麼自己不修理，要我們修理，而且還要嚇人？媽咪都說，自己的東西，要自己收好，神明沒有把自己家照顧好，是不是也要處罰！」

老爸笑著回答說：「阿孫，神明是我們請來家裡作客的，住在我們家中，保佑我們全家都平平安安的；我們家東西壞了，當然是我們要修理，怎麼可以讓客人修理？而且神明是我們很重要的客人，我們特別請祂來家裡住，當然要提供一個舒適的環境給神明，這是我們的責任。」

小阿杰又問說：「公公，神明是客人，那祂們哪天要回家？而且我也都沒見過祂們！」

老爸一把將小阿杰抱起來放在腿上坐著，並回答：「阿孫，我們家就是神明的家，祂們是不會離開的，而且我們剛剛不是有去神明房間坐一坐，坐在上面的就是神明。」

小阿杰又說：「沒有啊，只有桌上幾個不能摸和用手指的醜娃娃，而且我跟爸比去姑姑家玩時，每次都說，因為我們是客人，時間到了就是要回自己的家。」

老爸急忙看著天花板說：「小孩不懂啊，無心之言……。」然後又對小阿杰說：「阿孫，那不是娃娃，是神明知道了嗎？不可以這樣沒禮貌喔，我跟你說，祂們是我們尊貴的客人，是特地請來讓我們祀奉的。」

講完之後，姊夫已經結完帳，全家人一起步出餐廳，往回家的路上前進。一路上，小阿杰還是在追問神明來家裡作客為何不用回家一事，搞得老爸答不出話來，最後全靠姊夫提議帶小孩去逛夜市，然後我和爸媽先回家，才中止這話題。

回到家後我想了一下，小阿杰的問題好像也沒錯，所有的客人遲早有一天會離開，但神明真的不會離開嗎？不是說有送神和迎神日，那又是怎麼一回事？於是我問老爸：「神明還是有可能會離開這個家的吧？只是我們不知道而已，不曉得要怎樣的條件，神明才會留下來或離開，說不定，我們平常拜拜只是以為這樣就可以讓祂們留下來而已，可是這會是祂想留下最重要的因素嗎？如果是的話，那大家就不用努力工作念書，只要拜拜就好了，有錢人多給些供品，這樣就能得到神的庇佑，這也太不公平，不是嗎？」

老媽卻回答我說：「妳別想那麼多，大家都這樣照做就好，小孩子不要問太多知道了嗎？」

這一直都是我心中的疑問，直到現在我才真正知道，原來神明要的是我們的良善與誠意之心，家合萬事興，這樣也才能讓神明在這個家住得安心，不是金屋、銀屋或是供品就可以讓祂喜歡留在這裡。

老姊還沒出嫁前，我家就是四個人，家中所有餐食都是倆老準備的，雖然老姊早已嫁作人婦，在他們剛結婚時，倆老還是習慣準備四人份的餐食，總忘記老姊已經出嫁了，即使一而再、再而三地提醒還是一樣，所以每餐飯菜都吃不完，每週還得清掉吃不完的剩菜，實在很浪費。

持續了三個月，我真的看不下去了，與老姊和姊夫討論，看看如何處理。因老姊孝順，所以後來決定遷居到不遠處，走路約五分鐘左右就到的距離，每天在家中與父母一起吃早餐和晚餐。後來小阿杰出生了，倆老喜歡小孩子，也希望能夠每天看到孫子，所以大家就配合倆老，由他們來準備兩家人的早餐，晚餐就留給老姊來爸媽家準備，我則負責清理的工作，讓老人家可以享受含飴弄孫的天倫之樂。

在小阿杰進幼稚園上課的第一天，一早看見姊姊和姊夫早餐只隨便吃兩口，就忙著搞定這個小子，倆老也沒閒著，很投入地在旁邊參和著，我從旁觀察簡直就像在打仗似的。唏哩呼嚕三十分鐘後，老姊一家子就急忙出門了，只有我還在家中，安靜地吃早餐看報紙，等時間到再出門上班。

每天晚上六點四十五分，是我們家的晚餐時間，原則上除了我姊夫不一定會準時出現外，其他人都會準時出席吃晚飯，等晚餐準備好了，老姊就會來叫人吃飯。

終於聽到老姊喊：「可以吃飯了！」小阿杰乒乒乓乓地往餐桌方向跑過去，找到自己的位置，將椅子拉開坐好，一副準備好要吃飯的樣子。終於開始吃飯時，小阿杰獨自乖乖地把飯吃完，三十分鐘後，就自己去客廳玩了。

過了一會，小阿杰突然跑來廚房，問我：「阿姨，那個、那個我想吃，可不可以？」手上還沾著肥皂水的我回小阿杰說：「你要吃東西，是去問媽咪可以不可以才對，而且你不是剛剛才吃過晚餐的？」

小阿杰接著說：「不是，媽咪說，那個東西是妳買回來的，要阿姨答應才能吃！」

我買的？我今天兩手空空地回家，又沒有帶吃的東西回來，若是前幾天，我記得也沒買什麼，怎麼會有東西可以吃？我一時想不透，只好跟小阿杰說：「等阿姨廚房弄好，再去看看你說的是什麼東西，好不好？你乖，先去客廳找公公，或是去找媽咪。」

廚房終於整理好後，我喚著：「小阿杰，你說的是什麼啊？」沒想到，這小孩看卡通看到忘我了，根本沒聽到，我只好走向客廳，拉了一下小阿杰的小手問：「小阿杰，你剛才跟我說的是什麼？」

小阿杰回答說：「阿姨，就是那個啊。」

我還是不知道這小子說的到底是什麼，只好跟小阿杰說：「東西在哪裡？帶我去看看。」

小阿杰用他那小手，拉著我往神明廳走過去。到了神明廳，指著供桌旁一大盒東西說：「我想吃那個。」我才知道，原來他要的是八寶鬆糕。

我心想：這小子還真識貨！那是南門市場知名糕餅店特製的鬆糕，我特地託人幫我買幾個回來，給老人家拜拜用，等拜完再拿來吃，只是不知道拜好了沒？我向來也沒在留意初一、十五，還是初二、十六的，或者有哪些特殊日子，也搞不清楚哪天是拜誰，索性直接問：「爸，鬆糕拜好了沒？你孫子想要吃。」

老爸聽到以後走過來說：「沒有，要明天才拜，拜完才能吃，要不然妳就先拿一個給小孩吃。」

於是我跟小阿杰說：「不行喔，這是要請神明吃的，等公公明天拜完才能吃，不可以耍賴喔！」

小阿杰聽完後，就很失望地往客廳走過去，邊走邊說：「蛤，要神明吃完我們才能吃喔！不是給我吃的！」

隔天下班回來，老人家已經將鬆糕蒸好拿出來，準備當晚餐，這時小阿杰好興奮地跑到餐桌旁邊，等著要大快朵頤。終於，晚餐準備好、可以開飯了，每個人都可以分到一片鬆糕，老姊對著小阿杰說：「你可別只顧著吃鬆糕，其他的菜也要吃，不然以後就沒有了。」

其實，鬆糕在我們家，老人吃懷舊，小孩才是吃新奇。吃到一半時小阿杰問：「阿姨，為何要拜完才能吃，難道我們不能和神明一起吃？」

老爸一聽急忙唸著：「阿彌陀佛，小孩有口無心。阿孫，不可以這樣說，神明是在保護我們，你這樣說很不禮貌喔。」老爸接著又說：「神明庇祐我們一家人平平安安、快快樂樂地，我們為了要感謝神明的庇佑，所以準備了我們認為最好吃的食物，奉獻給神明享用，算是最簡單的報答神明的方法，感謝祂讓你可以平平安安長大，知道嗎？雖然這樣不足以表達我們對神明的感謝，可是因為我們能力有限，沒辦法給神明更好的東西來表達我們對祂們的感激，所以只能請神明先享用，等神明享用完畢之後，我們才能吃，知道了嗎？所以以後你有好吃的東西，也別忘記先請神明吃喔。」

老爸講完後，飯桌上安靜了一陣子，不曉得小阿杰是沒聽懂還是怎樣，後來老媽才接著講：「老欸，你說這麼多有用嗎？小孩子還這麼小，是聽不懂的；這兩個大的沒興趣，也不想懂，你又何必自討沒趣？」

老爸回答：「不是啊，小孩不懂，多說幾遍就懂了，至於大的，也不知道懂不懂，我倒是知道這兩個大的完全不想了解，我就趁這時候多講一下，不然以後我們不在了，也不曉得會怎樣⋯⋯。」

老媽出言打斷：「想那麼多幹嘛，船到橋頭自然直，不講了，繼續吃飯就是了。」之後就只聽到筷子與湯匙的聲音。

這時姊夫回來了，趕上我們的鬆糕品嘗大會，小阿杰跟姊夫說道：「爸比，這鬆糕是神明吃剩下給你的，公公說這樣會平安，要吃完。」

「那你也是吃神明吃剩下的嗎？」

「是啊，全家都是。」

「鬆糕好吃嗎？」

「嗯，還可以。」

這時老姊跳出來說：「你不要誤導小孩子，什麼神明吃剩下的，你也信？我看你才是最需要被教育的那個人吧！」

姊夫回她：「不然我要怎麼接？明明就是拜拜留下的供品，通常也是祭祀後再拿來吃，所以他說的也沒錯，只是『吃剩下』比較難聽點，哪裡不對？」

老姊又說：「當然不對，你到底懂不懂啊？難道祭拜完的供品會缺角？你要跟小孩說，是拜拜的供品，知道了嗎？」

姊夫這才說：「也不知道誰教的，怎麼會有『神明吃剩的』這概念。」

聽到這，老姊趕緊接話：「小聲點，別亂講話。剛剛小阿杰問說鬆糕為何要拜完才能吃，老爸解釋給小孩聽，看樣子是沒聽懂，結果就蹦出『神明吃剩下的』這說法，真是讓人啼笑皆非。我看老爸若知道他解釋的結果，竟然被小阿杰解讀成這樣……好歹他也曾經是老師，還有很多很優秀的學生，應該會很傷心，千萬記得別在老爸面前提喔，等一下吃完，你休息一下，我們就回去了。」

就這樣，當天我們再也沒有聽到小阿杰說「神明吃剩下的」這說法，不知道是忘記了，還是學會了。

自從小阿杰開始上學後，下課都是由老爸老媽輪流去接送回家。某天，小阿杰的學校安排了到動物園的校外教學，放學時是由老媽去學校接回家。小孩子一有機會玩，心都不知道飛到哪裡去了，所以回到家還是一副渾然忘我的境界，剛好倆老又寵這個唯一的孫子，於是繼續在家遊玩，好像校外教學還沒結束一般，直到老姊回家才稍稍恢復正常一些，不然喔，這個家可能要被掀了。

這天的晚餐老姊準備了小阿杰最喜歡的紅燒獅子頭，菜還沒端上來，小阿杰就已經在餐桌上乖乖坐好。我心想：到底是老姊的威嚇有效還是紅燒獅子頭吸引力比較大？這樣看起來，應該是紅燒獅子頭的吸引力比較大，不然怎會願意放棄正好玩的遊戲和卡通，來餐桌邊乖乖坐著等。常說小孩最沒心眼了，喜歡和不喜歡從表現立即可知，看樣子還真的沒錯！

三分鐘後，紅燒獅子頭熱騰騰地上菜了，其餘的菜餚也陸陸續續端上餐桌，終於可以大塊朵頤一番了。才開動沒多久，姊夫也趕上今天的晚餐，一起來品嘗這特製的獅子頭。老爸拿了一個獅子頭放在小阿杰的碗中然後說：「阿孫，好吃的獅子頭給你，小心燙，慢慢吃喔！」

小阿杰忽然說：「爸比，我今天有看到獅子喔，是真的獅子，不是這種煮的，牠好大個，就在動物園裡面，然後牠有金色的毛，可是牠們和辛巴好像不太一樣，有的像辛巴，有的不像，我比較喜歡像辛巴的！」

姊夫回道：「是啊，辛巴是小獅子，長大了就不一樣，你看到不像辛巴的，是有很多毛的對不對？」

小阿杰說：「是有毛，可是都在睡覺，我本來還以為，會看到辛巴的~。」

姊夫告訴他：「傻孩子，辛巴只存在卡通裡面，真實世界的獅子都是很恐怖的，不可以太過親近，知道嗎！」這時，小阿杰正拿著他的湯匙，分食著碗裡的獅子頭，不知道是不是有聽到姊夫說的話。

「你看到的獅子全部都在睡覺嗎？還是有沒在睡覺的？」

「都閉著眼睛，像狗狗一樣趴著。老師說牠們在睡覺，不可以吵牠們，隔壁不遠處有看到老虎，但是跟巧虎不同，沒有穿衣服，不是兩隻腳走路，是四隻腳，而且好大喔，牠沒睡覺，在裡面走來走去。」

聽見小阿杰的話，姊夫又說了一次：「巧虎和辛巴一樣都只存在電視裡面，知道了嗎？」

突然小阿杰說道：「我們家的獅子頭和動物園與辛巴都不一樣，但都有獅子，只是我好像沒看到獅子在裡面。」

老爸聽見，就笑著說：「我們家的獅子頭是食物，給人吃的，不是真的獅子的頭，只是長得像而已。」

「爸比，獅子會不會作夢啊，我看辛巴和巧虎都會作夢？」

「應該會吧，我不是獅子我不知道，但是我知道狗狗會作夢，而且跟我們一樣有時會作惡夢，反正都是動物應該是會的。」

接著，小阿杰又說：「我同學敏雄，今天他阿公也有跟他一起去，然後我跟他們一組，中午一起吃飯。」大家都沒有反應繼續吃著飯菜，沒搭理小阿杰，小阿杰卻繼續說道：「他阿公說，獅子是會作夢的，而且他還說，常夢到同一個動物或是人，表示你前世跟他一樣。」

姊夫不以為意：「那個阿公怎麼跟你說這怪怪的東西？」

「不會啊，我們老師很喜歡跟他阿公聊天，聽說他們全家人還會去廟裡碰到我們老師全家，說是去那裡坐，都不能講話的，不然就沒用了。然後他與我們老師聊說，坐可以知道夢，如果坐的時候看到與夢裡一樣的就是有關係的。」

「是喔，他們去哪啊？」老爸問。

「是山上的廟啊，我同學說，大家是去山上練習坐著睡覺的。」

這時我回過神來：「你同學他們家人怪怪的，怎有人不在家裡睡，去山上練習坐著睡，又不是腦袋有問題？你有沒有聽錯啊？」

「沒有，我同學說就是去練習坐著睡，因為大家就閉著眼睛坐，不能說話，所以是睡覺啊，不然幹嘛閉眼睛？」小阿杰說。

我問：「媽咪叫你閉眼睛，你就會睡覺？」

小阿杰認真回我：「我閉眼睛就是要睡覺～。」

這時老爸才說：「傻孫子，他們不是去山上練習坐著睡覺，那是打坐啦。」

小阿杰卻反駁：「不是不是，敏雄說坐一坐就睡著。」

聽完，全家哄堂大笑。我覺得很奇怪，哪有人帶這種小小孩去練習打坐，小孩子坐一坐無聊當然睡著，除非他們家認為他可以通？

終於，大家吃完飯，挪動到客廳休息，我獨自在廚房打拚中。老爸繼續跟小阿杰解釋：「阿孫，他們是去山裡學習一些做人做事的道理，而那些都跟我們學的不一樣……喔對了，他們都念這種書啦，等你長大了也可以跟他們一樣去山上學習，阿公是沒有去過，所以不曉得有沒有不一樣。」

小阿杰就說：「當然有啊，我跟你說，敏雄的阿公說，去練習坐著，半夜做夢就會夢到不一樣的，敏雄還說，像他阿公自從去山上練習之後，回來經常作夢夢到貓，所以他阿公就說，他自己前世應該是貓。」

我出來聽到後接話道：「真是無稽之談，怎麼跟這麼小的小孩講這些有的沒的，而且這樣就說自己前世是貓？哪聽來的理論？佛洛伊德聽到了會不會崩潰啊！」

老爸卻說：「這是有可能的，我是有聽說過，去廟裡禪修或打坐一陣子的人，可能有機會夢到前世事務。」

我聽完後反問老爸：「那是不是那些師父都應該要夢到神明或佛祖啊，然後說自己前世為神明或佛祖，後來轉世為人，不然他們怎麼可以講這些沒科學根據的東西，而且就算是好了，有人自己拜自己的嗎？不合理吧。」我又問小阿杰：「你同學有沒有跟你說他中午做夢都夢到什麼？」

「他說他有夢到加菲貓、哆啦Ａ夢、丹尼爾（凱蒂貓的男朋友）。」

「他說他也是貓？」

「好像是。」

我接著講：「總不會說他們全家前世都是貓吧？這就太離譜了！老爸，你自己聽聽，加菲貓、哆啦Ａ夢、丹尼爾不都是卡通人物，不曉得現在卡通有沒有播原子小金剛、無敵鐵金剛，不然可能還會說自己是機器人咧！這像話嗎？騙小孩的。」

「人家說的也是有可能的啊，總不會騙自己的孫子吧！」

「誰能證明他說的是真的還是假的啊，他說夢到很多次都是貓，就是貓，那如果夢到的都是鬼怎麼辦，難道就是鬼嗎？不是說任何人還沒投胎前都是鬼，所以這不用做夢也知道。再來，我如果一天到晚夢石頭，難道真的是跟孫悟空一樣，從石頭裡蹦出來的？所以這是騙人的把戲，根本不能『同理可證』，不用講就知道絕對是假的。」

隔天早上，剛好週六放假，小阿杰來家裡吃早餐時，跟所有的人說：「你知道嗎，我昨天晚上夢到獅子，然後昨天又看到獅子、還吃獅子頭，所以我跟辛巴（卡通《獅子王》的主角）一樣，以前都是獅子，而且一定是好朋友。」

老姊回他：「你跟辛巴不一樣，你是活生生的人，辛巴是在電視機裡的，獅子頭是吃的，跟獅子沒有直接的關係，所以你不是獅子知道了吧！」

「可是我希望可以跟辛巴一起……。」

「有啊，你睡覺不是都抱著辛巴睡，那就是在一起，然後在夢裡一起玩，這樣不好喔？」

「好啊，可是為什麼敏雄可以我不行？」

「沒有人是可以的，那是他阿公胡說的，不可以當真知道嗎！」

「可是，可是……。」

老姊打斷他：「沒那麼多可是，趕快把你的早餐吃完，不然我們不陪你了，你自己吃。」

到了晚上，小阿杰卻繼續問我：「阿姨，媽咪說我不是獅子，可是我同學敏雄和他阿公為什麼都可以是貓？」

我聽了之後也不知怎麼回答，只能看了老爸和老姊一眼，跟他倆說：「你看，小孩子想不開，只想當動物不想當人，我是不知道要怎麼回答，你們當老師的，你們自己來回答。」

老爸看著小阿杰說：「他們也跟你一樣，都是人，不是貓。」

小阿杰卻說：「公公，不是的，他們說他們以前是貓，現在才是人，而且他們家本來就有養貓，然後還說他阿公說：『師父說，這些貓以前跟我們都是朋友或家人，我們有得到牠們的幫助，所以我們現在跟牠們一起生活當朋友和家人。』」

這時我們終於聽懂了，於是老爸解釋道：「阿孫，敏雄阿公的意思是說，他們與貓有很深的緣分，可能以前就在一起生活，還得到幫助，所以現在才會又一起生活，不是說他們以前是貓。」

老姊也說：「你不是也喜歡隔壁王媽媽家的狗狗小乖，可是牠沒有跟我們住，所以不是我們家的一分子，是王媽媽家的一分子，而敏雄家的貓是他們家的一分子。」

「我是獅子那不就是我們可以養辛巴，每天跟辛巴玩，我不管，我也要和他們家一樣。」

「我們不可能養辛巴的，辛巴是獅子會長很大，家裡不能養，而且也沒人養獅子的，又不是開馬戲團還是動物園。」

小阿杰繼續胡鬧著：「人家也要有真的，你看我不是都夢到獅子了，所以可以啦、可以啦！媽咪。」

老姊反問他：「你去動物園不是有看到獅子？很大隻對不對？」

「我要的不是那種，是像辛巴那種小隻的，我有看到跟狗狗差不多大，這種就可以。」

「那是剛出生沒多久的，會長成像你看到那種大的，可能都比你還大，你不是說會怕。」

「不會，辛巴會很乖，不會像動物園那種。」

「政府有規定我們不能養獅子，你就別鬧了，除非哪天你當總統再說說看可不可以讓人養獅子，而且獅子都很兇、會吃人的。」

「呃、我不相信，辛巴這麼好，我們養牠，牠一定會很乖，我也會很乖。」小阿杰堅持。

「如果你這麼喜歡，晚上睡覺時牠不是都有來跟你玩，你覺得不好喔？而且你還抱辛巴睡覺，在夢裡養，牠就是你一個人的，沒人跟你搶，也很乖。」

「可是，都只有睡覺後才有，別人白天都可以的！」

老姊只好說：「白天你要跟同學和公公、阿嬤一起玩，沒時間跟辛巴玩，如果白天時候你沒陪牠，牠會很無聊也很可憐的，還是在夢裡比較好。」

老爸也說：「是啊，阿孫，白天你也要陪我們，不然公公和阿嬤也很可憐的，所以聽媽咪的話，在夢裡養就好了，白天就跟同學們玩，你最棒了。」

小阿杰這才說：「我想想……。」

隔天晚上，小阿杰向大家宣布：「辛巴還是在夢裡比較好，我不要當獅子了。」

這問題終於告一段落了。

第二章　北港來的林阿姊

里長在我們居住的這個社區張貼了一則訊息：國曆九月第三個星期六下午北港媽祖遶境會經過，歡迎信徒在家門口設案，沿路參拜。算一算也就是兩週後。北港媽祖來台北，嗯～我們住在臺北這麼多年還頭一次遇到北港媽祖從家門口經過，是可以看看，應該會很熱鬧。

得知訊息的這天剛好也是週六，吃完早餐出去晃晃回來，我就跟爸媽提道：「下週之後的星期六有北港媽祖經過，你們要不要下去拜一拜？反正屆時鞭炮與鑼鼓震天，你們想要休息可能都沒門了，就跟鄰居們一起去吧，反正有伴，也不會無聊。」

老媽回說：「是啊，因為我們這附近也有媽祖廟，聽說那尊媽祖也是去北港媽祖廟請回來的，好像是今年媽祖生日後，和其他台北的宮廟去請北港媽祖上來台北，路線規劃有經過這邊……。」

我打斷老媽：「媽，妳怎麼這麼清楚，不會是妳辦的吧？」

老媽回答：「說是也是，說不是也不是。」

我不解地問：「是就是，不是就不是，妳給的答案怎麼讓人聽不懂啊？」

老爸補充道：「我跟妳媽啊，上次跟老人會的朋友去旅遊，剛好有到北港媽祖廟拜拜，那時候有人提議去求媽祖北上遶境，看看有沒有機會，還真的有人去求，而且被求到。求到之後，主辦人就開始找人，說要是屬牛、屬雞、屬蛇，這三個生肖的人一起來辦，結果住我們隔壁，那個妳也認識的李阿伯，跟他們說我屬雞，應該是可以的，那間媽祖廟的主委廖先生特地來求我幫忙，而且聽說只要被神明指定辦這場活動的人，所在的社區或住家門前都一定經過，我覺得很難得又可以得到特殊庇佑，所以就答應了……。」

我不以為然地說：「爸，你總不會說，你是神明指定的人吧？還是李阿伯指定的？」

老爸很不爽地回答我：「不知道啦，反正聽說神明都早已經安排好的，路線就是有到，就這樣，別亂說、亂問，小孩子，有耳沒嘴。」

忽然老媽開口：「對了，阿梅，妳有空當天也一起來，我有幫妳跟他們說，我有個女兒還沒結婚，應該可以一起幫忙，她屬牛，但要問問看，妳應該可以喔！如果可以，我就回他們，不行我也要回給人家。」

我心裡暗想：老媽怎麼又隨便幫我答應！我雖然沒有像老姊那麼排斥，但也不會很喜歡像這種活動通常都是一堆老人家自己玩得很高興，我一個年輕人去幫忙，實在很無聊，而且我又不懂要去幹嘛，可是……我也從來沒看過，倒是可以看看。思索了一會，我回答：「我先說，就是去看看，簡單的幫忙打雜是可以，那種抬神轎、遊街、舞龍舞獅或是什麼的，我可沒辦法、也不會，別找我幫忙。」

老媽聞言高興地說：「不用，妳只要幫北在港媽祖到宮廟門口時，迎接一下就好，那我當妳是答應了，就這樣。老欸，等一下回主委，不然他們說就欠一個女生。」老媽又接著道：「妳知道嗎？他們找這個人找好久都沒找到，因為有條件限制，必須是個沒過結婚的成年女生、還要屬牛，不能相沖，又不能重複，反正規矩很多就是了。妳老爸就跟人家說，我們家是有個女兒還沒結婚，也是屬牛，或許可以，叫我問妳一聲……對了，說不定等妳爸講完電話後，晚一點妳就要跟妳爸和李阿伯，一起去廟裡一趟。」老爸隨即就打電話給李阿伯和主委，跟他們說這個好消息，並且說下午會帶我一起過去。

當天下午三點左右，我與老爸、老媽先一起去了李阿伯家。李阿伯告訴我，他們目前欠一位接駕的人，我想應該就是類似那種喊「歡迎光臨」的電梯小姐或接待小姐吧，於是我回道：「不難吧？簡單的我或許可以。」

李阿伯看了看我，說：「不難不難，合適合適，現在我們一起去廟裡，我們主委想見妳，看看有沒有什麼要交代。」我們三人就跟著李阿伯，一起前往這次主辦活動的那間媽祖廟找主委。

到了媽祖廟，我和老媽在廟旁邊稍候，沒多久，李阿伯請我們一起進入廟內辦公室。走進去之後，主委對我說道：「感謝您願意幫忙，原則上，我們必須要先上香跟媽祖報告一下，看祂是不是同意讓妳做接駕人員，如果說不行就是不行。」

我心想：不就是簡單地排排站、湊數的人，怎麼還要問神明、搞得這麼神秘？是想幹嘛？

沒必要吧！

主委跟老媽要了我的生辰八字、住址、姓名等，這也是我第一次知道自己的生辰八字。

過一會兒，大家拿香跟著主委一起拜，主委口中開始唸唸有詞，講了一堆我聽不懂的內容，應該是在問問看神明的意思吧。唸完、拜完後，大家將香插進香爐，主委告訴我們需要等一等，晚一點再來跟媽祖確認可不可以。

在等待的過程中，我一個人坐在旁邊，主委、李阿伯、爸媽四人泡著茶，聊當天的活動內容。我在一旁聽著這幾個老人家講的內容，才發現：不就是一個簡單的遊行，怎麼辦個遶境會這麼複雜！任何行動都要先請示，再來看時辰，人選也要問，不同意就不可以勉強而行，不然是會出事的。我聽了之後，覺得實在是太離譜了，哪有辦活動辦成這樣的？想想，平日公司辦活動也沒如此，就算是要辦個馬拉松也不至於這樣，真是太迷信了。

約莫二十分鐘後，主委起身說：「差不多了，我們去確認一下結果，看看妳是不是注定的那個人，等一下我來問妳來擲筊。」

還有注定的？這是什麼跟什麼啊！

我們一起走回正殿中間，主委開始叨唸著我聽不太懂的台語內容，唸完了之後，就比個動作示意我擲筊，竟然是聖筊！主委說再來兩次，還真的讓我拿到三個聖筊。這時，那幾位老人家一副心中大石頭可以放下的樣子，展開笑顏，主委還雙手合十跟媽祖說：「好的，弟子會照辦。」然後轉向我說：「感謝您的幫忙啊，這人我找好久了……來，這是我們的流程和內容，妳看一下，妳若有不清楚的部分，我們會有人帶妳，不用擔心，這是我們這次活動需要請妳幫忙的部分。」

我順手接過主委給的那張紙，發現好像不是之前說的這麼一回事，感覺像是被騙了，什麼迎駕，還說很簡單，讓我誤以為是像餐廳的迎賓人員喊「歡迎光臨」那樣，結果竟有一堆特殊的流程，以及特殊的儀式、服裝、內容，還要求前一天要「淨身」……這是怎麼一回事啊！

看完後就後悔答應得太快了，我看了一下老媽，然後跟老爸說：「我哪會啊，怎麼跟你們說的不一樣？」倆老露出詭異的笑容說：「沒關係，學就好，會有人教，每天下班後過來學，反正妳晚上也都沒事幹，累積一下功德很不錯，幫神明做事是會有福報的……。」

我在心裡嘀嘀嘀咕咕：反正你們講了這麼多，就是不能拒絕的意思，一定要答應就是了。

李阿伯、主委看到我與倆老好像有點爭執，就過來幫腔相勸，強大的人情壓力、甚至連神明都搬出來，使得我沒辦法拒絕，只好勉強同意，但我還是跟主委說：「這麼複雜，學不學得會我可沒把握，建議你們還是找個備用人選比較好，不然我真的學不會，你們就開天窗了。」

主委回我：「不會的，神明指定的人，一定很快就學會，明天開始我們會有師父教您，不用擔心，盡力就好、盡力就好。」說完後，我們家倆老和李阿伯及主委又說了幾句話我們就回家了。

晚餐時，我跟姊姊一家人發牢騷說：「你們知道嗎，爸媽設計我去做這次媽祖遶境的接駕人員，明天開始，我還得去宮廟學習。」

「歡迎光臨！」小阿杰忽然說。

全家看著他，姊姊問：「你跟誰講歡迎光臨？」

小阿杰說：「阿姨不是去7－11學歡迎光臨嗎？我也會，我也可以！」大家聽完，哄堂大笑，覺得真的是童言童語。

我笑說：「好啊，活動當天我們一起去跟媽祖說歡迎光臨，看祂會不會高興。」

老媽突然嚴肅地說：「妳開什麼玩笑，這麼嚴肅的事情不能兒戲，妳要好好學，別再這樣不正經，途中若有任何閃失，神明可能就沒法進來，一步都不能錯，知道嗎！」

我不以為意地回道：「哪有妳講的那麼誇張，只要轎夫走進去，不就進去了，哪有進不去的？而且跟這麼小的小孩講那些東西，他能聽得懂嗎？他認為是歡迎光臨，就當作歡迎光臨啊，我本也以為是排排站講歡迎光臨這樣，誰知還要去學一堆連聽都沒聽過的東西……哎呀，反正童言無忌，願意參加比較重要吧，難道妳真的以為我會叫他去？就算我同意，還要看他爸媽咧。」

老爸也幫著老媽說：「梅梅，這是件很隆重的事情，也是很難得的機會，妳既然可以被媽祖選中，就要好好做、好好學，可別讓神明失望喔，我們也會幫妳加油的。」

「知道啦，我都幾歲了，不用唸，都被逼著答應了，不然還能怎麼辦，只是我還是要講，能不能學會就不是我能決定的，給的時間這麼短，我又不是不用上班的人，總不會不怕我給你丟臉吧！」

老爸緩頰道：「妳是我女兒，我還不了解妳嗎？不然怎敢推妳去。我相信妳不會，盡力就好、盡力就好。」

雖答應當本次廟會活動的迎駕人員，但我實在不是很清楚究竟要幹嘛。

隔天，星期日上午，我依約去宮廟報到，心想：或許你們口中說的「師父」看到我後，就會覺得你們在開玩笑，因而要求換人，我也可以就此逃過，還在心裡暗自竊喜。

到了宮廟門口，我看到李阿伯、主委，還有一位穿著「廟公廟婆服裝」，年約五、六十歲的婆婆站在門口說話。我慢慢地走過去，沒過一會兒他們也看到了我，我首先開口打招呼：「李阿伯、主委你們好。」

主委對我說道：「阿梅小姐妳來了，我向妳介紹一下，這位就是我們廟中最有人氣的師父，人稱黃師姑，她可是會通靈的喔，而且幫助很多人解決許多疑難雜症，等一下我會請師姑先幫妳看一看，如果可以的話，這幾天她會親自跟妳說明，並教妳這次活動中，妳負責部分的所有細節。」

我對著黃師姑說：「嗯，師姑好，未來幾天還需要麻煩妳多多教導。」

黃師姑盯著我從上到下、從左到右、從後到前打量著，然後口中唸唸有詞，手上比手畫腳不知是怎樣了。

約莫兩分鐘後，黃師姑開口說話：「阿梅小姐，妳以前有沒有參加過宮廟活動？」

「沒有，頂多就是跟著去拜拜而已，有什麼不對嗎？」

黃師姑回答：「難怪，妳缺少了某些東西……。」

我睜大眼睛好奇地詢問：「缺了什麼？應該沒有吧，我還算健康，唯一缺的就是膽子。我比較膽小些，妳說的是這個嗎？所以我不適合對吧！」

黃師姑聽了，笑著回答我說：「不是妳說的這些，難怪，難怪，這次活動媽祖會找妳……既然如此，我會盡力教妳，妳可要認真學習，不然我也很難交代。」

聽起來，應該是黃師姑同意教我了，害我以為她會覺得我不適合，請主委換人，我也就順勢免去學這些奇怪的東西了。

接著，他們又開始嘀嘀咕咕一些我聽不懂的內容，既然我聽不懂就算了。五分鐘過後，黃師姑說：「阿梅小姐，因為今天我還要幫宮廟處理事情，沒辦法教妳，但是時間緊迫，我們就從明天晚上開始連續一週的訓練，讓妳了解與學會所有本次活動需要的內容。」

「好的，可是我下班後過來最快也要六點半，您看如何？」我說。

「不忙不忙，這樣好了我們就約晚上七點吧。」

然後，主委就對我說：「阿梅小姐，明天晚上開始，您記得來上課喔！對了，這東西妳先拿著，回去看一看對妳有幫助的。」

我順手接了過來，發現是一本經書，心想：給我這個和學習活動內容有啥關係？總不是要參加誦經團吧！既然人家給了，我只好帶回家給爸媽，也算有個交代。

「既然你們還要忙，我就不打擾、先離開了，明天見。」我與長輩們相互道別後便離開。

於是，九月第三週的星期一晚上開始，我每天都到媽祖廟去報到，學習接駕儀式和一切事務。學習的第一天，當我抵達的時候，發現好像只有我一個，都沒看到其他人，想說：是不是只有我一個人什麼都不會，而其他人都會所以不用學？或者，最後幾天再來就好？

我納悶歸納悶，還來不及問，黃師姑便叫住我，說道：「不錯，妳算守信用的，等一下我先示範一遍，今天就先教妳『走步伐』。」

我心裡又想：不就是走路，有什麼難的，怎需要妳教？

在黃師姑示範之後我才明白，原來接駕是要走特殊步伐的，不是像簡單的逛街走路那樣。師姑首先示範了兩次，然後又帶著我走了幾次後，就要求我自己來——就這樣走了一個多小時，終於過關，方能回家。

回家後簡直累癱了！怎麼連走個路都這麼麻煩，有沒有搞錯啊！規矩還這麼多，一定要左腳怎樣、右腳怎樣，好麻煩。洗完澡躺在床上，我自言自語著：「蓮花步還是七星步，這一般不都是做『乩童』、還是廟裡號稱『仙姑』或『師父』的人才要學的，為何我也要學？明天一定要去問清楚到底當天要幹嘛！黃婆婆一定是搞錯了，我只是來當一天的臨時演員而已，沒有要當『仙姑』，她才是仙姑，我可不是，我頂多當『閒姑』（閒閒的小姑），只差沒有兄弟所以當不成而已……。」然後就睡著了。

第二天晚上，我依然去了廟裡跟師姑報到。

一開始，師姑要求我自己走一遍，確定昨天教過的步伐我沒有忘記。我很隨性地走了一遍，師父看完後說：「還可以，只是妳要正經點，不然當天神明是請不進來的。」

這時，我終於忍不住問：「師姑，我到底當天要幹嘛，不就是跟大家一起排排站在廟門口、拿香跟拜走流程就好？怎麼還要學走步伐、請神？這一般不都是廟裡的師父、仙姑或乩童做的，我又不是，您是不是搞錯了？」

師姑回答我：「妳就是本次媽祖指定的正式接神人員，責任重大，要帶頭將神明請進來，所以才要妳學，還好妳學得算快。妳不知道，有很多人要走蓮花步是走不完的，要不然就是走不下去，因為因果關係。其實外面很多乩童、師父或仙姑都不是走正統的步伐……對了，妳昨天回家有沒有覺得很累？」

師姑告訴我以後我才知道，原來有很多人是假冒的，可是我們沒法判斷，我也實在沒法理解。

於是我回答師姑說：「昨天回去是真的累癱了，但是師姑，我哪有資格去做妳所謂請神的工作？那是你們這些會通靈、幫神明辦事的人在做的，我又不會通；而且之前主委跟我說，這是很簡單的工作，我只要跟著隊伍做還有拿香拜，只是過程冗長些，但是我又沒經驗所以才要來學，以免當天出錯……說是大家一起，怎麼會變成『我帶頭』？照理說，請神是『仙姑』

做的，我可沒有要當『仙姑或乩童』，而且講真的，我對於這些東西不是很有興趣，妳去問一下主委就知道了，妳這玩笑開得太大了吧！」

「不是的，這次就是找妳當我替身仙姑，這是媽祖要我教妳，傳承一下，我老了，以後可能沒法再替媽祖服務，所以我在訓練接班人。」師姑說。

我聽到後當場傻住，過一會才反應過來：「師姑，您真的搞錯了，我哪有資格，我又不會通靈、也不會收驚，就連拜拜也都不太會，而且我們家拜拜，都是老人家在處理，我怎麼可能做接班人？妳這玩笑開太大了吧！」

師姑卻回我：「很正常，妳跟我以前一樣，突然有一天莫名其妙地被叫去做一件事情。以前我也不會，但是自從去參加一次……一切就像命中注定好的，從此走向神職人員一途，只是如果妳真的沒興趣也沒關係，至少先把這次活動辦好，其他的以後再說，神明是不會勉強人的。」

雖然師姑講得很誠懇，好像是真的，但我還是覺得不太可能，而且我第一次聽到有人說神明不會勉強人的，好像不是這樣吧？從小就聽到很多人說那些人「帶天命」，怎麼講的都不一樣？到底誰是對的啊？說不定是以退為進……只是這次既然已經答應了，就只此一次，下不為例，不然還能怎麼辦？

師姑接著開口：「來，今天要學祭香的方法。原則上，香要拿高點，剛好對胸口，然後對照著順序做，並且要唸經文，經文的內容在這裡，一字不漏照著唸，用台語，我聽聽看。」

由於我的台語真的很破，畢竟平常在家、上班也都是講國語的，我就想說，師姑聽完之後應該就會放棄這個念頭，說不定我就真的只要跟著拜就好了，請神就另請高明吧！

結果才唸幾句，師姑還真的聽不下去，說：「停停停，咳，不知道妳是不是故意的，還是本來就這麼差……我都聽不懂妳唸什麼，這樣怎麼辦是好？」

我只能跟師姑說：「我們家平常都是講國語，而且上班時候也用不太到台語，我根本沒有機會和場合可以講台語，聽力也沒很好，就說真的很破！」

師姑一副不可置信的樣子說：「怎會這樣？不知道時間夠不夠讓妳把台語版請神經文學好？不然妳還是講國語吧……其實，神明聽得懂國語，我想媽祖也是可以接受的，否則神明也聽不懂妳唸什麼。」

我這時才知道，原來神明是可以聽得懂國語的！以前老媽拜拜都一定要講台語，不然神明聽不懂，所以倆老拜拜時，都是老爸寫中文用國語唸一遍，然後交給老媽用台語唸一遍。

接著師姑又說：「內容要背起來，明天考國語版。至於台語版，我唸一句妳也跟著唸一句，妳仔細聽好，明天要看妳能不能唸得順。」

時間又過了兩個小時，師姑才對我說：「今天就先這樣，明天還有要學的，至於其他的，等妳有興趣再學吧！原則上，這三項能夠活用就足夠應付當天的活動了。只是妳的台語，真的太差了……我聽說妳爸媽都是道地的台灣人，但妳竟然不會講台語，咳……還有，我們這行，通常沒有在用國語唸經文，那是不得已而為之，如果可以，當天還是用台語比較好。」

「我爸不是本省人，我媽才是。我們平常在家都講國語的，所以我才說你們搞錯對象了，沒錯吧！我建議妳，還有時間去跟主委商量，另請高明會比較好，這樣才不會當天開天窗。」

師姑很生氣地說：「妳開什麼玩笑，神明都指定妳了怎麼可以說換就換！這種事不要再提了，也不可能。」

我仍不死心：「可是不適合就該換掉啊，說不定神明不小心弄錯了，就等你們去跟祂澄清而已。」

「阿梅小姐，妳就不用想了，就是妳了，這是不能改變的。」師姑堅持。

「妳真的不去跟祂澄清一下？」

「不需要，就這樣不要再講了。」

見師姑如此，我只好先表明：「是喔，那我只能說，我沒把握，因為我的台語真的很破，也不確定是否可以背起來。我會盡力但是沒法保證，您心裡還是要有個底。今天謝謝師姑，我先回去了，晚安。」

師姑搖搖頭，回我：「知道了，回去吧，自己小心！」

回家路上，我心裡一直犯嘀咕：「我的台語本來就很破爛，大家都知道的啊！小時候，一整年唯一會講台語的機會，就是回外公家吃飯那天，跟外公講話才需要用台語，其他人都講國語，外公走了之後，我們沒再回去外公家，所以台語也就用不到了；若不是之前工作時，需要跟南部的老闆們打交道、要求一定要會講，不然我的台語只會更差。況且，南部人一聽到我講台語，最後都只會跟我說，妳還是講國語好了……反正國語也可以，不行的話就只好講國語囉，這是給神聽的，又不是給人聽的，不管了。」

回到家後，我跟爸媽說道：「人家嫌棄我的台語，你看吧，我就跟你說我不適合的，頂多只能拿香跟著拜啦，你去跟主委說換人啦～。」

老爸顧左右而言他：「台語讓妳媽教妳，我可是不行的。」

我繼續央求道：「你當然不行，但你可以做一件事，就是去跟他們說搞錯了，要換人啦～。」

老爸安撫我：「都這個時候了，是沒法換人的。妳就努力一下，真的不行再放錄音帶好了，這不就解決了。」

「你的意思是，換人沒得商量，方法可研究對吧？」我感到無奈。

老爸偷笑著回答我說：「妳說對了，所以別再提換人了，知道了嗎！」

我感到很不高興：「你設計我，我早該想到的，我，生氣、生氣！」

倆老好像發現計謀已被看穿，就故意不理會我，然後去睡覺了。

我洗澡時想了想，應該不用把背經文當一回事，覺得今天這樣的狀況，明天一定會被換掉，只是還是要虛應一下，於是睡前拿起來翻看，不知不覺就睡著了。

晚上睡覺時，我向來是一覺到天亮、不太會半夜起來上廁所的人。當晚睡到一半，我突然醒來，上完廁所後回房，瞄了一眼放在床頭旁的請神經文，沒多想就直接躺回床上，閉上眼睛準備繼續睡。

突然眼前一片光亮，然後一個影像慢慢出現。剛開始還模模糊糊的，不一會兒，變成一個清晰的人影，還是個美麗的女生，對我說：「阿梅，我星期六就靠妳了。我知道妳的台語不太好，我是聽得懂國語，只是我還是希望妳可以用台語唸，這樣我比較習慣，大家也習慣。台語部分我可以幫妳，妳跟著我唸，我唸一句妳也唸一句。因為時間很急，這幾天，我每天晚上都會來教妳，當天我也會提點妳，相信妳一定可以用台語來唸經文，不要擔心和想太多……。」

不知過了多久，鬧鐘響起，我也得起床了，又開始新的一天，只是隱約記得，好像有人答應這幾天會來教我台語……應該是做夢吧！

我沒放在心上，心裡想的仍是：或許今天晚上就會有人告訴我說換人了，不用我來幫忙。第三天晚上，我還是一樣去找黃師姑報到。師姑一看到我就說：「妳東西背好了沒？背一遍給我聽聽。」

我感到疑惑，說：「我有請我爸媽去跟主委說我不適合，因為要講台語但我沒辦法……主委沒跟您商量要換人選嗎？我今天來是打算跟師姑道別的，並感謝您這幾天的教導……。」

「怎麼可能說換就換，臨時要找到合適的人選可沒有妳想像地這麼容易，不然我們之前早就有幾個人選了，只是神明始終不同意，我們還能怎麼辦？反正最後神明選擇了妳，就是妳了，死馬當活馬醫，不行也得行。」

「我沒有背，我本來以為你們一定會換人的……。」

師姑看看我，然後對著空氣說：「神啊，祢怎麼派了這麼一個人給我，真是給我出難題啊！」又說：「阿梅，妳啊，別胡思亂想了，人我們是不會換的，妳就先用國語唸一遍……妳總不會沒帶吧？」

「我有帶來，本想說要還您的。」

師姑搖搖頭，嘆道：「妳就先唸一遍吧，咳！」

約莫兩分鐘左右，我唸完了，師姑面有難色地說：「嗯，勉強接受。」接著指定：「來一遍台語版的試試。」

這下換我為難了：「要聽可以，但您昨天應該有被嚇到，所以還是別了吧，我本來就是破台語的。」

「知道知道，可是我還是想要聽聽看，看會不會好些，妳開始吧。」

既然師姑昨天已經領教過，想必最差的狀況也就那樣，不會再差的。

結果聽我唸完後，師姑沒什麼反應，只是淡淡地說了一句：「狀況有比昨天好很多了，只是還有幾個地方腔調和字音需要再調整。」

師姑看了我幾眼，問我說：「妳還說妳不行，比昨天好很多了。昨天回家還是有練習吧？是不是妳媽媽教妳的？」

我回答：「沒有啊，昨天您不是叫我跟著唸過幾遍，可能因此還記得每個字的發音，應該是這樣吧！」

師姑卻說：「不對，妳那個發音好像……跟妳昨天講台語的方式不一樣，妳誠實地說，昨天晚上是不是有夢到什麼？」

我覺得驚訝：「對耶，您怎麼知道我昨晚有作夢？您真的會通靈耶！好神奇喔！」

「是怎麼樣的夢？跟我說說看。」

「喔～就是有個人來跟我說會教我，讓我當天可以用台語講。」

「祂長怎樣？跟妳說了什麼？妳多說一些。」師姑追問道。

我覺得詫異，說：「您還當真啊，別開玩笑了！」

師姑卻正經地看著我：「我沒跟妳開玩笑，說不一定……快多說一些！」

「您千萬別再提您那套玄不拉嘰的理論，我是完全沒辦法理解的。至於夢的內容，您想知道的話我就跟您說，就是有一個女生，長得還滿漂亮的，她跟我說因為時間很急，所以每天都會來教我講台語，讓我當天可以用台語唸經文，而且還會在旁隨時提點我，就這樣，有什麼問題嗎？」

師姑掐著手指、思索著，然後回我：「可能是祂吧。好吧，既然祂都要幫妳了，妳就多用功些，別讓祂失望……對了祂是黑臉嗎？」

「她不是黑人，是個大美女，很現代感喔，只是膚色應該是比我黑啦。師姑您該不會想說，是媽祖來夢裡教我吧？開什麼玩笑，說出去誰會信啊！」

「我信。」師姑認真地說。

我卻覺得難以置信：「這太離譜了，就算您想要拐我也不能這樣說，我才不信。若真的是，今天晚上再碰到她，我一定會好好問一問她到底是誰。」

「反正妳緣分已到，一切就看祂了吧。來，我們接下去今天的內容……。」

總共三天的基本學習終於結束了。我萬萬沒想到接神其實很複雜，不是件容易的事情。回到家後我跟老爸說：「今天我去廟裡，師姑把我唸了一頓，就像你講的，不能換人。」

老爸回我：「妳該不會以為不會台語，就可以提換人喔？我之前跟妳說妳不相信，現在信了吧！」

我只好無奈地說：「知道了啦～對了，那個黃師姑還真的會通靈，連我昨天晚上有作夢這件事情她都知道，很神耶！」

「有聽說過她很厲害的。」

我卻感到悻悻然：「我認為她是矇到的，怎可能會知道，開什麼玩笑，如果這麼厲害，怎麼會不知道我台語很破、還說你是本省人，一下就被戳穿了。」

我講完後就去梳洗了。

洗完澡，進房間坐在床上準備來背一下經文，想說內容也不多，應該不會很難背，結果唸沒幾遍就睡著了。

到了半夜，我又爬起床上廁所。上完廁所回房躺下沒多久，眼前又出現奇妙的景象，看起來跟昨天一樣。過一會兒才看清楚，是昨天那位女生，她說：「妳今天的表現我有看到喔，我還滿喜歡妳的誠實與勇氣的。我是真心希望妳可以替我服務，只是妳的台語我真的無法領教，怎麼妳唸起來就是怪聲怪調，我看今天還是我唸一句妳跟著我唸。妳放心，這幾天晚上我都會來幫妳加強訓練，保證妳星期六一定可以的，我順便也教妳一些東西好了……。」

後來我就問一了句話：「小姐請問您是誰，我好像不認識您吧？您怎麼對我這麼好還這麼有信心？還有您說今天有見到我，我怎麼沒有印象啊！」

她只回我：「我姓林，星期六妳就會知道了。」

不知道多久後，鬧鐘響了，又得準備出門去上班。

我感到疑惑，怎麼連續兩天晚上都做夢，是不是被搞得神經衰弱？還是被下符？再這樣下去換我要去看醫師了。

第四天晚上，我還是乖乖去找師姑報到。見到師姑、打聲招呼後，師姑說：「今天要把所有流程走一遍，試試看，開始吧。」

我從頭做了一遍，還滿順的，於是師姑終於露出笑容說：「嗯～不錯，祂真的很厲害，一定有幫妳吧。反正妳是祂選的，祂一定會幫！」

我完全聽不懂師姑在說什麼，然後師姑接續說：「妳應該相信我說的話了吧！」

我當下還是不知道怎麼一回事，也不知要如何回答，師姑才又說：「我是問妳夢裡那位啦。」

「夢裡？您怎麼知道我昨天也有做夢，您好厲害喔！」

「有些東西我還沒教妳就會，難道不是夢裡有人教妳？」

「師姑您說真的還假的，這不太可能也不合理，哪有夢裡學東西的，講出去誰信啊，人家還會把我當神經病！只能說是巧合，還有我覺得某些地方不太順，所以就調整了一下，這好像也不用別人教、也跟夢沒關係啦。」我仍舊堅持。

「妳不信就算了，我也不多說了，免得妳生厭……對了，妳知道『她』是誰了吧？」師姑問。

「關於這個喔，我昨天好像有問。她說她姓林，然後告訴我這週六會和她正式相見，就這樣。您今天還是想告訴我她是媽祖嗎？不可能的啦，您一定在開玩笑，做夢怎麼能當真？很多人天天做夢，也都沒有實現啊！夢就是夢，還有，師姑您跟我說就算，您可別跟其他人說，如果您去跟別人說媽祖來我夢裡教我，人家一定把您當瘋子。」

聽了我的話後，師姑生氣地說：「妳還是不信！好，沒關係，總有一天妳會信的……對了，妳知道媽祖姓什麼嗎？」

「拜託，小孩子都知道，媽祖姓林……反正不可能，就只是個夢境，媽祖的臉黑黑的，那個女生沒有黑臉，完全正常，服裝也很現代，就像我們現代人，怎麼可能會是！而且神明不是都穿著神明裝，您別又開始了……。」

「好，我不跟妳辯，到時妳就會知道了。」

今天訓練結束、告別了師姑後我就回家去。到家時比較晚些，倆老都已經休息了，所以我也趕快整理整理去睡覺。

到了半夜，我又跟昨天一樣起來上廁所，回床上又開始有畫面，出現的還是昨天那位女生，她開口說道：「阿梅，妳今天的表現還算不錯喔！原本還擔心妳的狀況，台語部分我們再來練習一遍，妳跟著我唸，……，好，今天就這樣。對了，為了避免妳當天凸槌，我跟妳說，如果發現有狀況時，可以默唸『林阿姊，我是阿梅，我需妳助我一臂之力』。我聽到以後就會幫妳的，別忘了喔！明天我還會來。」

不知過了多久，鬧鐘響了，我也得起床了，又開始新的一天。

這日是第五天晚上，也是我去找師姑的最後一天。由於明天就要舉行了，所以師姑還是要求我將流程步驟再試一遍，確定都記住了。

師姑問我：「妳講台語應該沒問題了，不會再凸槌吧？」

我反問：「您覺得可以嗎？只是我還是覺得怪怪的，也會擔心，畢竟沒有正式做過一次。如果臨時講不下去，我還是用國語接吧，不然總不能停在那不繼續吧？」

「嗯～就這樣吧。對了，妳昨天有沒有再作夢啊？妳有沒有問那個女生姓名、她有沒有給妳其他指示？」

我再次重申道：「師姑，我昨天不是告訴您，那就只是個夢而已。她說她叫林阿姊，講的跟我昨天說的都一樣，就這樣啊。對了，她有告訴我說，如果我當天緊張忘詞，就叫她即可……哎呀，只是夢而已，我這一週，每天睡前最後一件事，就是背經文和步驟流程，完全是日有所思夜有所夢，師姑您竟然還當真。」

最後要結束之前，師姑特別交代今晚睡前和明天早上起床後務必要淨身。

「這我知道。至於淨身焚香，主委之前就有給我一張紙，上面有寫，我找一下，您看是不是這個東西？」

師姑將文件從我手上接過去看了一下，說：「對，就是這個，妳就按照上面寫的內容去做就好。還有一件事情要提醒，就是今天到明天活動結束前，千萬不可以跟男生約會喔！」

這時，我開始跟師姑發起牢騷：「師姑，這一週您有看到男生來接我嗎？而且說實在，做這個真的是很累人，這幾天我離開這裡後就乖乖回家、趕緊梳洗弄一弄倒頭就睡，睡著後都在做夢也沒睡好覺，哪還有力氣去想那些有的沒的！而且除了家中的人知道我來學這個之外，我根本不敢跟人家說，怕人家以為我要當仙姑、想太多。本來就只有這一場活動，辦完我就功成身退了吧？所以只跟人家說這週晚上家中有事要處理。您放心，不會誤事的。還有，如果您說之前來我夢裡的是神明，請問，如果我跑去跟人家約會還幹嘛的話，神明還會出現在我夢裡教我嗎？」

師姑聽完後說：「也對，這樣就好、這樣就好。」

講完後，我就跟師姑道別回家。

在回家的路上我心中嘟囔著：原來之前只是猜對了，果然不出我所料。不過總覺得很奇怪，怎麼都是夢到她和這幾天學的東西？以前我都是一覺到天亮的，難道年紀大了？也不對啊，我還不到三十，還是欠……不會的啦，我一定是壓力太大了，不然活動結束後去看個醫師好了。

最後這天晚上準備要去睡覺前，我決定來確認一下，師姑說的是真還是假。雖然我真的不太相信，但是她已經連續說了好幾天，總要證明一下，確定她說的都是無稽之談，打破這迷信思維。所以，我今天要學聰明點，將鬧鐘從床頭移到床邊，如果今天不幸又是中途起床，我一定要知道是幾點，總不能每天都被搞得快精神耗弱，但是又不明不白的，還碰到那怪怪的師姑阿婆，講一堆莫名其妙、又穿鑿附會的內容。我還準備了紙筆，我才不相信師姑說的，乾脆叫她用我的紙筆幫我畫張符好了。

只是說也奇怪，怎麼連續這麼多天，都作連貫的夢，也太怪了！以前就算作夢也沒有這樣的啊，想不通……哎呀，管他那麼多幹嘛，應該是日有所思夜有所夢，活動結束後一定就會好了。

到了半夜，我果然還是醒來了。看了一下鬧鐘，原來是三點。回床睡覺前將紙筆一併帶上——我一定要證明師姑說的是錯的，除非她可以留下一些書面證據……。

然後沒過多久，情況就跟前幾天一樣，又是那位女生——林阿姊。

林阿姊對我說：「阿梅，妳都準備好了對吧，但我還是想請妳先用台語唸一遍給我聽……，嗯~很好，應該沒問題，妳今天下午就這時來接我吧。對了，我給妳一個東西，如果這時間還沒見到我，妳記得喊我我就會出現了，知道了嗎？別忘囉，希望今天一切順利……。」

終於到了星期六上午，我醒來時發現那張紙是黃色的，紙上面好像有被畫過……不對啊！我明明記得昨晚放的是白紙，怎麼變黃色紙？難道是我太累了眼花？

不管了，隨便折一折放入口袋，出門去媽祖廟準備下午的事宜。到了廟裡換上主委幫我事先預備好的衣服，準備等一下於正式活動中登場。

就在等待過程中，我還是覺得，關於那張紙，我應該不太可能記錯顏色，這也太扯了！但是這沒法查證，畢竟沒人會在自己臥房放攝影機，只是現在都已經這樣，也只能當作自己記錯了，不然還真的媽祖駕到……哈哈哈，如果相信的話就是自己瘋了。

中午十二點半，北港媽祖的前導車隊已經來到社區門口，鑼鼓喧天，好不熱鬧，所有的街坊鄰居也開始陸陸續續出現在路邊等候著。我這才發現，原來有這麼多人喜歡參加這種活動。

這時，李阿伯跑來說：「等一下就要來了，趕快準備。大概一個多小時後就會到這裡，趕快準備接駕。」

於是師姑對我說道：「阿梅，準備要上場了。」

我聽到後就三步併作兩步地跑到指定的地方等。

通常神明出巡，在主神轎前面還會有一段陣頭和護駕神明，這個就不用我處理，師姑說這些交給廟方其他人處理就可以，我只要負責接主神就好。等著、等著，北港媽祖的陣頭一批批朝著我們宮廟過來，先到的也開始在這稍做停留等著主角——北港媽祖的到來。就這樣等著、等著，約莫過了一個小時，媽祖鑾轎依然沒到。我心想，北港媽祖的前導陣頭還真長啊，都還沒到？

這時，現場已經有人開始鼓譟了。突然有一個穿著北港朝天宮制服的人跑來跟李阿伯、主委和師姑說：「媽祖應該是在前面處理事情，暫時停在那裡一下，所以迎神轎入場只好再緩一緩，反正距離預計正式入殿的時辰還有一段時間，就再等一下吧！」

李阿伯告訴那人：「沒關係，時間還來得及，還好還好，不會停在那不動了就好。」

這時師姑突然問說：「現在幾點鐘？」李阿伯看了看手錶：「還有半小時就三點，就幾步路，等一下就過來了，沒代誌（台語，沒事的意思）。」

這時，師姑卻不知在叨唸什麼，還掐指盤算，若有其事一般，然後突然跑來問我說：「阿梅，妳夢到的那位林阿姊，通常是幾點來找妳？」

「師姑，您又來了，我跟您說那是夢，不可當真的！」我答非所問。

師姑很嚴肅地看著我：「我是很認真地在問妳，到底是幾點？」

我看到師姑如此焦急，應該是說真的，只好回答：「說實在的，其實我真的也不是很清楚。昨天晚上我特別看了一下鬧鐘，好像是凌晨三點，但我也不是很確定，因為只有昨天注意時間……有什麼問題嗎？」

師姑又問：「祂有沒有給妳什麼？妳摸一下衣服口袋，看看有沒有什麼東西？」

我一邊往口袋裡面摸一邊說：「我都換衣服了，不會有東西的，摸一摸也摸不出什麼東西……。」結果發現昨天晚上那張紙。原來我有把它放過來，於是告訴師姑：「就這一張空白紙，其他都沒有。」

「給我看看。」

反正就一張空白紙還能幹嘛，妳想要就給妳，給師姑去好好研究吧，我可不認為有什麼特殊用途。

過了二十幾分鐘後，主委、師姑和李阿伯三人開始緊張了，因為媽祖鑾轎從剛剛就一直就停在那裡一動也不動，因此師姑又跑來問我：「阿梅，昨天那位林阿姊有沒有跟妳說什麼？」

「應該沒有吧，一個夢境而已，您該不會到現在還繼續當真！」我依然不信。

師姑卻是臉色很難看地對著我說：「我不是跟妳開玩笑，到底有沒有？妳仔細地想想，這很重要！」

我突然靈光一閃：「喔有，把這張紙燒了、喊她，她說我喊她，她就會出現，難道您認為那是通行令嗎？太誇張了吧！如果覺得有用你們就燒了、喊吧。」

師姑趕忙對我說：「阿梅妳來做，妳就喊祂林阿姊，就像祂夢裡交代的一樣，不用唸出來沒關係，但是要雙手合十，快點做。」

我丈二金剛摸不著頭腦，原地楞著，師姑催促道：「趕快做，別懷疑！」

當下我也只能照辦，先將那張黃色廢紙燒了然後唸：「林阿姊，我是阿梅，我需要妳的幫忙，幫我一把吧！」

這時，前面就有人說媽祖鑾轎已經動了、要過來了，快快快！

師姑又催：「趕快唸完，別誤了吉時。」

等我唸完一遍後，離三點還有一點時間，我看著師姑說：「我早就跟您說過不是吧。」

師姑卻說：「要唸三遍。」

果真等我唸完三遍時，媽祖的鑾轎已經出現在我的眼前，我心裡叫道：「不會吧！」

這時，大家心中大石頭終於落下了。再來就是正式準備接駕儀式，我看到如此陣仗也很怕會凸槌，所以心中默唸：「林阿姊，我是阿梅，妳答應我會幫我的。」接著開始。

後續整個接駕過程都很順利，準時在三點時將媽祖請入廟內就定位，完成遶境的程序，剩下的就等明天媽祖回鑾起駕離開後結束……。

第七天，也就是北港媽祖要回鑾的日子。

早上我還是要去廟裡幫忙，有頭有尾，雖然回鑾部分我就不用處理，改由主委和對方的人員處理就可以。臨近起駕的吉時，又是震耳欲聾的鞭炮聲與鑼鼓聲，吉時一到，我就跟著別人一起喊：「吉時到，正式起駕回鑾。」

一整隊人馬與陣頭又浩浩蕩蕩地沿來時路回去了。

就這樣，活動結束，我的任務也結束了，終於可以過回正常的日子，晚上也終於可以跟家人一起吃飯、聊是非了。

當天晚餐時，小阿杰突然說：「阿姨，這幾天妳都不在家，我們看不到妳，我們都很想妳耶！」

我心想：什麼時候這小子也來這套，是想幹嘛？

於是我跟小阿杰說：「是啊，我也很想你們喔。」

小阿杰接著說：「公公跟我們說妳去學當仙姑，是不是？還是……媽咪說妳去約會？」

我嚴肅地回答：「都不是！」

小阿杰一臉很失望地看著我：「是喔，不然我想說妳也可以……。」

我反問他：「你想要幹嘛？我可是跟以前一樣，你別被他們騙了，乖，吃飯，別胡思亂想了。」

我講完後，瞪大眼睛看著大家，想說總會有個人來解釋一下這小子的行為，卻沒人搭理我，都埋頭吃飯。

最後，老爸終於發話了：「梅梅，這次活動很不錯喔，覺得如何？」

「累死了，而且這幾天半夜都睡不好、亂做夢，只此一次下不為例，也不要去跟別人說起這個，我可不想被人家誤會，知道嗎？」

這時小阿杰又說道：「阿姨，妳不是去當仙姑嗎？聽說仙姑可以不用睡覺的，怎麼會累？」

「我沒有去當仙姑，而且我也不是仙姑，我是需要吃飯、睡覺的正常人。」

小阿杰又說：「不是啊，我明明就有看到妳穿仙姑的衣服，還揮著怪怪的東西，爸比說那是仙姑才有的。」

我只好告訴他：「我是去演戲，演給神明看的，就像電視節目裡面的人一樣，作表演，這樣知道了嗎？」

「那這樣，阿姨也是明星囉！」小阿杰說。

我急忙回答：「我也不是明星，就只是幫忙做事。」

小阿杰摸摸頭問：「那阿姨妳到底是當仙姑還當明星啊？」

「都不是，我是演仙姑的普通人，這樣懂了嗎？」我強調。

「原來是當仙姑～。」小阿杰下了結論。

我解釋了半天，小阿杰還是認為我是去當仙姑，只能想：「隨便啦，小孩子明天就會忘記了。」

忽然，小阿杰跑去拉著老爸說：「阿姨當仙姑，就不會跟我們一起住，而且爸比說當神仙都不能結婚，那阿姨的曉凡叔叔就不要妳了。」

「阿孫，你爸比騙你的，阿姨不是去當神仙，神仙跟人不一樣，阿姨還是可以像正常人一樣生活，知道嗎？」老爸告訴他。

「公公你說的是真的嗎?所以我還是可以看到阿姨囉?還可以跟她一起玩對吧！」

「對，一樣都沒變。」

聽完後，小阿杰一副很高興的表情，像是心中大石頭放下了，也就開始去玩了。

自從任務結束後的當天開始，我就沒有再做奇怪的夢了，也恢復正常生活、每晚一覺到天亮的睡眠品質。因此我自認為一定是之前壓力太大、神經過於緊繃而已，沒有好好放鬆，如今無事一身輕，所以也就不會有睡不安穩的問題，不然若像黃師姑一樣當真，一定會被人家當瘋子。

就在活動結束後一週左右的某一天晚上，我又夢到之前那個場景，但是這次我並沒有半夜起來上廁所，而且夢境也不只有一個女生，而是三個人，兩男一女，但我不是很確定自己認識他們。

過了一會兒，其中一個男生開口了：「阿梅師姊您好，感謝您這次的服務，在台北的時候我們住得很舒服也很高興，特地來感謝您的協助，另外我們的阿姊也有事情要跟您說。」

這時那個女生向我走過來，看起來好像是林阿姊喔，可是打扮不太一樣，她開口說道：

「阿梅，妳那天做得很好，我很高興有緣與妳相識，真的很謝謝妳的安排與服務，我就是林阿姊，還記得嗎？這兩位分別是千里眼、順風耳，我們已經順利回到北港了，期待未來還有機會可以跟妳再見面，很歡迎妳有空來北港朝天宮找我。還有，妳是很特別的，記得好好善用妳的能力……。」

我突然驚醒，發現好像是媽祖和她的兩個跟班有來跟我說謝謝，而且我隱約聽到他們也是跟我一樣叫她阿姊的……，該不會被師姑料中，來夢裡教我的林阿姊就是媽祖？當下無法證實到底是不是，於是我上網查了一下，但好像大家都叫她阿婆而不是阿姊，所以應該不是。

至此之後，我就再也沒做過這種事情，也沒再做類似的夢了，一切又回到平常生活中。

直至今日回想起來，或許黃師姑她老人家說的是真的，只是我當時就是不相信，也沒辦法判斷，所以強迫自己不去相信而已。如今回想起來，很有可能就是那時候開始，與媽祖結下這一生的緣份吧。

時間來到雙十國慶附近，剛好是連假，正在想這三天要怎麼過的我，突然聽見有個腳步聲向我靠近，回頭一看，原來是小阿杰，我問他：「你要幹嘛？」

小阿杰說：「阿姨，妳真有去當仙姑喔！我同學昨天也跟我說，放鞭炮那天有看到妳在表演，然後他媽媽說，妳是在接媽祖神轎，然後他跟我說妳就是仙姑，所以我要檢查一下，看看妳有沒有……。」

我反問：「你覺得呢？我之前不是有跟你說過我不是了嗎，你怎麼還認為我是啊？」

小阿杰有點失望地說：「阿姨，好像沒有，可是別人都說妳是……欸對了，阿姨，妳會飛嗎？」

我回答：「當然不會飛，我又沒有翅膀，怎麼飛？」

小阿杰天真地說：「可以乘觔斗雲啊，妳叫妳的觔斗雲出來，帶我一起坐，好不好嘛？」

我告訴他：「觔斗雲是孫悟空的，我只有枕頭裡的棉花堆，去跟你同學說，你阿姨不是仙姑，我們家也沒人是仙姑，知道嗎？」

「可是我記得那天大家都這麼叫的啊！」

「我不是仙姑，仙姑是神仙欸，我不是神仙，所以不會飛；還有，阿姨那天只是在表演給神明看、當臨時演員啦！對，你就跟同學說阿姨是在演戲，知道了嗎？」

剛好老媽進來聽到我的回答：「阿梅，妳沒禮貌，怎麼說是演戲，那可是很神聖的工作，雖然不是正式的神職人員，也可以算是活動裡很重要工作人員，要這樣解釋，仙姑是指通靈或乩童才算，妳啊～不是啦！要做仙姑，我看妳應該資質不夠，雖然那個黃仙姑說妳是媽祖選的，可以的，可是我看喔，差得遠啦！而且妳幹嘛做仙姑，我還期待抱妳的孫知道了嗎？」

我反駁道：「我明明就只能算個臨時演員，只做了半天，不是嗎？而且，小阿杰才幾歲，我都不是很清楚怎樣才算仙姑，妳懂，妳跟他解釋，並且要跟他講清楚我不是仙姑，不然哪天又跑來問我說，我為何沒有觔斗雲、為何不會飛。」

老爸聽到後哈哈笑：「觔斗雲？阿孫，誰跟你說阿姨有觔斗雲？」

小阿杰摸摸頭回老爸說：「啊、神仙不是都有自己的雲，剛剛電視上的孫悟空還有豬八戒也都會叫雲來，還有菩薩也是坐雲的，阿姨是仙姑，所以也要有自己的雲。」

老爸笑著告訴他：「傻孫子，你過來公公這裡，我跟你說，菩薩是坐在蓮花上的，神明有法力，所以可以騰雲駕霧，一般我們喊的仙姑不是神明，她們是代替神明幫忙解決信徒問題的人，你阿姨她不是，她只是負責請神明進來廟裡作客和服侍的代表，就像你去姑姑家時，按電鈴後會有人去開門對吧？阿姨就是幫神明開門的人，知道了嗎？」

小阿杰又接著問：「廟的門本來就開開的，神明自己開門進去就好啦，不然給祂個鑰匙自己開，像我們來公公家一樣方便不就好了？」

老爸繼續解釋：「不行的，北港媽祖要經常去不同人家作客，而且媽祖是貴客，所以快到之前，我們就要去接祂，表示尊重與歡迎，懂了吧。」

小阿杰只是「喔」了一聲，聽起來似懂非懂。

這時有人開門進來，原來是姊姊和姊夫回來了。姊姊對著老爸說：「爸，我們等一下要去我公公家，這幾天就不過來了。」

小阿杰聽到了之後歡呼：「是爺爺家，好耶，那年年他們會在嗎？」

姊姊回答：「應該會在吧，去看看好不好？趕快去拿襪子過來，拿好就快出來，我們要去爺爺家了，不然趕不上中餐，姑姑說做了好多好吃的等你！」姊姊和姊夫將小阿杰打理好後，就一起出門了，而我晚一點則會出門去約會，爸媽就各去做各自的事情。

假日通常是我爬山約會的時間，我和曉凡都喜歡爬山這個活動，今天剛好要去爬紗帽山系。爬山過程中，我試探地問了曉凡一個問題：「如果有一天你發現有人叫我仙姑，你會怎麼想？」

曉凡回答我：「妳當仙姑？我想是那個人瘋了吧！妳不會台語對吧，做仙姑要會講台語、唸經文，這個不是一蹴可及的事情，任何語言學習都需要時間的累積，沒有速成班，除非伯母每天跟妳說台語，講個一年半載的或許有機會，可是我看你們家都講國語，所以不可能的啦。」

我接著問：「你怎麼這麼肯定？」

「我又不是第一天認識妳，妳不是也不喜歡傳統宮廟習俗，所以怎可能變成仙姑？做仙姑的人都要領『天命』的，而且還是從小要有過於常人的能力才可能，妳好像沒有這些特質，所以不會的。」

「喔，你好像還算了解我的！」

突然，曉凡問：「對了，之前九月底，妳說妳家裡有事情，處理好了嗎？」

「都處理好了，沒事了，不然我今天應該還是出不來的！」

曉凡又說：「處理好就好，是什麼事情搞得很神秘？」

其實他沒提我也沒打算跟他說，以免真的把他嚇到，因此我只能輕描淡寫地說：「就我老爸答應了一間宮廟要幫忙進香的活動，我就順便一起幫忙，活動結束就沒事了。」

「沒想到，你們家還會熱衷宗教活動，看不出來啊！」曉凡有些驚訝。

我回他：「其實也不算熱衷，就碰巧遇到了，你也知道的，老人家都答應了也沒辦法，但是你也不要想太多，我們只是純粹幫忙，就這樣。」

曉凡淡定回答：「是喔，我還以為妳會說你們是神明選定的人，這樣可是會把我給嚇倒了。」

我再次試探性地問說：「如果是的話，你覺得呢？」

「不會吧？」

我沒做聲回答，思考了一下看要如何回答才不會嚇到他，最後還是沒回答他的問題，隨便找個話題塘塞過去、結束這話題，然後繼續爬山。

紗帽山算是一條輕鬆路線，所以很快就到山頂，山上微風輕拂很是舒暢，我們決定坐地休息欣賞美麗的風景。今天天氣還算不錯，從山上還可以清楚看到山下風景，而且爬山的人也多，所以山頂上算是熱鬧的，人潮熙熙攘攘，途中還可以遇到只要爬陽明山都會見到的山友們，大家因為常見到面，久了就熟絡了起來，經常會在山頂上分享各自帶來的食物、聊聊有趣的故事。

今天有一組山友看到我們後，大家也一起坐地閒聊，突然間其中一個人問：「小姐，妳好像有幫忙過宮廟活動是吧？我好像在前次北港媽祖上台北的活動有見到妳。」

我回答：「您眼力還真好，沒錯，上次媽祖遶境活動我有參加，只是我不記得您是……。」

這位山友接著說：「我是廖主委的朋友，我姓方，也是算廟方的人。對了，我想起來了，妳就是那個接駕的人對吧？我有聽廖主委提過，這次媽祖有特別指定一個素人來處理，就是妳對吧？」

我看了一下曉凡的反應然後才回應。

得到肯定的答案後，方先生又說：「妳很特別耶，以前媽祖接駕都是黃仙姑處理就好，但這次黃仙姑和幾位仙姑、師父都被拒絕了，祂選妳，妳一定有過人之處吧！」

我很不好意思地說：「沒有沒有，就是有空幫忙而已，您太過講了。」

方先生卻繼續說道：「我聽廟裡面的人說才不是，好像是要請妳接黃師姑的位置了吧！真是厲害。」

其他的山友聽到之後也開始來答腔：「是喔，當仙姑很厲害耶，神明指定的接班人啊，一定不一樣，會通靈喔！」

我正想要解釋不是這麼一回事、那些都是謠傳，這時，曉凡終於受不了了，拉了我一下說：「妳不會真的去當仙姑了吧？」

我只好急忙地跟方先生和大家道別：「抱歉，我們還有事情要先下山了，很高興見到你們，拜拜。」

隨後，我跟曉凡趕緊離開，並在附近找個地方告訴他：「我沒有要去做仙姑，就只是去幫忙迎一下神轎而已，你看你這樣很沒禮貌，人家還以為我們不想理他們呢！」

曉凡說：「我、我只是擔心妳真的會去，而且妳沒有跟我商量就去做仙姑，那我怎麼辦啊？」

「你想太多了，我不會去做仙姑的，就像你說的，做仙姑不是我要就可以。」

「可是那位方先生說妳是指定的……。」曉凡更急了。

我笑笑地回答說：「教我的那位黃仙姑說，不是我想做就可以做的，如果不想做也可以不要做，神明不會勉強人的。你別聽那些胡言亂語，我再次鄭重跟你說，我不會去做仙姑的，可以放心了吧。」

曉凡用力拉住我的手向他靠近，然後緊緊抱著我說：「妳嚇死我了……千萬別去做仙姑。」

我再次保證：「好，一定。可以放了吧？我全身黏黏的，要抱也要選時機啊。」

曉凡終於笑了：「也對啦，全身都是汗，這樣很不舒服的，我們再找時間，努力補抱一下好了……那就明天，剛好放假，是個好時機。」

「嗯～。」

就這樣，我們往下山的路前進，曉凡也沒再追問那天的事情。

其實回想起來，很多人都以為，做過一次神明指定的服務人員就是仙姑或是師父，其實並不一定，就像那時候的我。畢竟要做仙姑還是乩童真的不是這麼容易，神明是會挑人的，還要那個人願意——像我就不願意，所以神明也沒有勉強過我。雖然有時候，我還是可以感受到祂對我是有期待的，只是我比較膽小，很怕開天眼會看到一些有的沒有的，反而把自己嚇死。既然我沒準備好，神明也就只好作罷，這樣我反而能有更多時間可以過正常人的生活。而且也能證明，做這些還是可以保有自由意識的，不像很多人認為的天命所為之。

其實社會上有很多人，會因為自己被神明指定服務過一次，就認為自己是仙姑或是師父。我只能說：雖然我好像是被媽祖來夢裡直接指導的那個人，但我都不敢對外說我是，為何你卻說你是？請你證明一下，你說你是的證據。我想十個有九個大概都沒辦法拿出來吧，畢竟你是否為神明指定的「乩童」或代言人，我們一般人也無從得知，但是要證明你不是，方法多的是、也很容易，我僅需問一些只有我和神明知道的事情就清楚了，何需你多說，一切不攻自破。

第三章　魔神仔與山中傳奇

一大早，爸媽就開始準備「拜拜」的事情，看不出來今天是什麼特別的日子，我詢問了一下，老爸才說：「今天開始廟裡要辦三天法會，等一下一起去廟裡拜拜。對了，妳順便把水晴一家人叫上，一起去。」

「什麼法會要全家總動員？」

「梁皇寶懺法會啊，我和妳媽都已經幫大家報好名了，反正星期六大家都不上班，去拜拜保平安。」

「爸，你們又來了，怎麼沒事先跟我們說，你知道的，老姊不喜歡你幫她們一家報名這種法會，等一下她知道，你被唸，我可不管喔！對了，幾點要到去啊？」

「半小時後出發，妳趕快去叫他們。」

「喔，好啦……。」

十分鐘後，姊姊一家人終於出現在門口，但是姊姊看起來不太高興，想也知道，還不是……反正都來了，就表示妥協了，不愧是孝順的女兒。

但看小阿杰，卻是滿心充滿期待的樣子，真不知道在興奮什麼，難道不知道去廟裡要被約束、不能亂跑嗎？如果知道以後，依然會這麼高興，還是就不去了？

於是我很好奇地問了一下小阿杰：「等一下要一起去廟裡，你很高興喔？」

小阿杰回我：「是啊！我喜歡去拜拜，拜完有好吃的食物可以吃，妳看，有炸雞和滷肉。」

我終於知道，原來是因為食物而高興。也對，小孩子最直接了，有好吃、好玩的誰不喜歡去？這樣也好，總比告訴他要去罰坐或罰站來得好，不然一定吵著不要去，我們還得頭痛咧。

終於，大家吃完了早餐，要祭祀的供品老爸老媽也準備好了，可以出門了。

到了廟裡，趕快先將供品放到指定的地方，等著法會開始。

沒想到法會還滿久的，從開始到中場休息大概一個多小時。本來想說，頂多一個小時我們就可以先溜，看起來實在有困難，於是我們只好跟著廟方的師父和大家一起拜了一個多小時。在這過程中，我都是看到大家拜，就跟著拜，我實在搞不太清楚，為何這時要拜、這時又不用？至於其他人是不是跟我一樣，我就無從得知了。只是透過這次法會，我很確定自己的台語還是不行的，因為從頭到尾都還是聽不懂他們在唸什麼，腦袋也就拋到別的地方去了，想說下午一定要找時間溜走，我都約好要出去了。

終於到了中場休息時間，我們打算去找地方吃午餐，最後決定在附近一家麵店用餐。在等待上菜的過程中，小阿杰沒耐心地開始躁動，並且說著：「我好餓喔，要吃東東（東西）。」

姊夫安撫著小阿杰：「老闆已經在做了，再等一下下就好，不然……要不要先吃小黃瓜和泡菜？」

「那個冰冰的，我想吃熱熱的，嗯～餓啦、餓啦。」

這時，小阿杰忽然將手交叉放在胸前，並嘟著嘴說：「都是公公不好，我好餓啦。」

老爸問他：「阿孫，我哪裡不好啊，你跟公公說好不好？」

「我們在廟裡坐了兩個小時，本來想說拜好了就可以吃，我想吃炸雞，但是爸爸說，現在還不行吃，要下午結束才能吃，所以先來這裡吃麵，沒有炸雞，公公騙人！」

老爸一副丈二金剛摸不著頭緒地看著小阿杰說：「我沒有騙人啊。」

於是小阿杰又說：「公公之前不是說過，給神明的東西，拜好了就可以吃，而且神明吃東西是很快的，我們已經給了兩個小時，卻還不能吃，神明吃東西哪有很快，根本是騙人的，公公騙人、公公騙人！」

老爸苦笑著告訴他：「阿孫，我沒有騙你。神明吃東西跟我們不一樣，是真的很快的，大概幾分鐘就好，只是今天是來辦法會，東西不是只給神明吃，而且法會要等到下午才結束，晚上就能回家吃了，好嗎？」

這時麵店的服務人員開始幫我們上菜，姊姊趕緊將小阿杰的餐食弄好，放到他面前說：「你喜歡吃的麵來了，趕快吃。」我們才結束這個話題。

用完中餐後，我和姊姊一家人就先離開，下午的法會就只有老爸和老媽繼續跟著，等到下午四點半後，倆老就先回家了。我大概快五點才進家門，同時聽見老媽喊說：「阿孫，等一下就可以吃炸雞和滷肉了。水晴快來幫忙，順便將炸雞拿去烤箱烤一下就可以吃了。」

幾分鐘後，從廚房傳來「噹」的一聲與炸雞香味，換老姊喊：「來喔，炸雞好了，趕快趁熱過來吃。」

小阿杰蹦蹦跳跳地跑到桌邊，一雙眼睛直勾勾地看著炸雞，老姊對他說：「坐好才給吃，有沒有去洗手？」小阿杰默不作聲，我猜應該忘記要洗手了。所以，老姊又說：「去洗手，洗好了、我檢查及格才能吃，我們等你喔。」小阿杰聽完趕快溜下餐桌椅子，去廁所洗手。

洗好了手，小阿杰又回到位子上乖乖坐好。老姊這才說：「嗯~可以吃了，開動了，小心燙，要慢慢吃哦！」

沒過幾分鐘已經杯盤狼藉，炸雞都進了我們所有人的肚子，但老爸卻忽然面有難色，我問道：「爸，怎麼了，不能吃喔？」

「完蛋了，完蛋了，我忘記了，剛剛才想起來，我本來這幾天要吃素的，結果吃了炸雞，我真的要頭痛了，神明一定會覺得我不守信用，以後都不會再答應所求，真的完蛋了。」

老媽聽了老爸的話，反問：「又不是初一、十五，幹嘛吃素啊？你記錯日子了。」

老爸卻說：「不是的，是我答應神明法會這幾天要吃素，報答之前神明的幫忙。」

老媽安撫他：「沒關係的，法會還有兩天才結束，明天早上我們去廟裡一趟，跟神明說抱歉，原本答應的事忘記了，請神明見諒，就從今天起，原本答應吃素的時間往後順延幾天，再擲筊看看，應該是可以的。還有，你現在就先將時間寫在月曆上，還有寫張紙貼在冰箱，這樣就不會忘了吧。」

「也只能這樣了，不然怎麼辦？明天妳去問問看吧，死馬當活馬醫了。」

隔天，老爸一早就準備簡單供品，出門去廟裡，期待神明會原諒自己的疏失，並且答應補救辦法。一個多少時之後，老爸帶著笑容回來，看起來應該是答應了，但結果就是——要我們全家必須一整週都陪老爸吃素。

原來神明是放高利貸的啊！就只欠一個人一天，結果要六個人還七天，我的媽呀，這可不能再來一次！還好老爸只忘記一天，如果忘記一年，那是要我們用多久還啊？不敢想，所以答應了的事千萬要記得，不然到時候還真的還不起啊。

總之，都答應了就照辦吧，所以我等一下出去約會吃飯也只能挑素食吃，誰知道如果沒照做會不會又要加罰多少時間利息，反而更不划算，只是為難了別人。

就這樣，在我稍晚跟曉凡去爬另一座台北近郊的山時，告訴他說，因老爸的失誤，只好全家陪他還。

曉凡聽完後哈哈大笑：「你爸還真老實，誰會去跟神明說，自己忘記了、還要從新來過了，一般都自己順延一天或多加一天回來就好；而且就像妳說的，神明的利息還很高，才一天就給妳算倍數。」

我不服氣地說：「才不是呢，誠實是需要勇氣的，我看你才沒有我老爸那種承認錯誤的勇氣吧！不然你怎麼會說自動多加一天就好，你應該就是用這種心態，當作做錯事情的處理方式，對吧？」

曉凡急忙地澄清說：「別冤枉我喔，妳可要明察秋毫。我只是說，一般哪有人會真的這樣做，反正天知地知我知你不知，何必當真？如果都當真，那為何有很多人都在神明面前發了誓，結果沒照作還不是一樣沒事？不然社會風氣早就變好、世界大同囉，也不需要警察、法官了。」

我回答他：「天底下像我老爸一樣有那份勇氣去承認錯誤的人真的很少，畢竟——知恥近乎勇，這不是件容易的事情。而你說的那些在神明面前發誓的人，沒兌現到底有沒有怎麼樣，我想得很簡單，『有事不會跟你說，沒事才會繼續耀武揚威』，但是這些人就算現在給他耀武揚威，歷史也告訴了我們——都沒有好下場，你說算不算報應？所以像我老爸這種老實人，才是正統作法。」

「妳說的好像也沒錯，反正就是自己心中那把尺要怎麼擺的問題，妳家『家規森嚴』，連這種小事都這樣處理，太麻煩了。現代人都只找方便、簡單的方法處理，不然捐錢也不錯。」

「心意、心意，給錢解決問題，如果每個人都選擇捐錢，那麼那些有錢人不就應該會少些問題？你看有嗎？上新聞的也都是這些人，別以為錢是萬能的，神明會被賄賂嗎？會的話，神明就只保佑那些可以捐很多錢的人，這樣還有公平與正義嗎？還需要努力嗎？」我說。

「妳沒聽過，有錢能使鬼推磨，給錢好辦事。」

我繼續反駁：「是『鬼』推磨，不是『神』推磨，你搞錯對象了吧？」

「子曰，子不語怪力亂神。至於吃素就吃素，我是沒差，等一下我們下山要去哪吃這才是真格的，妳那些問題，就留給時間驗證吧！」曉凡開始轉移話題。

「你喔，每次講不贏就扯其他的，很討厭耶！」

曉凡竊竊笑著：「不然還真的要來吵架啊，太累了吧！」

「不是吵架，是釐清事實真相，我們要能慎思明辨，才不會被騙、或迷信。」我說。

曉凡回我：「說真格的，宗教與鬼神那些，一般人怎麼明辨？我又不會通靈，也沒有陰陽眼、看不到；除非妳會通靈或是看得到，可能還可以。像我以前有個同學，他說他看得到那些『魔神仔』，然後他父親好像是乩童、會通靈，這種應該就能判斷了吧？」

「你同學說的是真的還是假的啊，看得到是很可怕的事情，說不定一天到晚都被那些干擾，還是看不到、當普通人比較幸福，不知道就不害怕。」

曉凡笑說：「妳會怕啊？我還以為妳膽子很大。」

我不太高興地回答：「是，我會怕，我天生膽小，可以了吧？別再講那些來嚇我。」

曉凡卻繼續笑著：「妳該不會不知道，爬山最容易碰到這些有的沒的，而且隨時隨地都有可能會遇到。像妳這麼喜歡山，我還以為妳膽子很大。」

我倒是生氣了：「羅曉凡先生，我慎重地回答你：第一、我都選擇人多的地方去爬山，而且我出來爬山一定會戴上宮廟的保身符，以保平安，所以你說的我沒聽過、也沒遇到過；第二、現在你知道了，我很害怕這些『魔神仔』，只此一次下不為例，你不准再拿這種東西嚇我，我是真的生氣了；第三、你下次再提這些有的沒有的，就別怪我翻臉。有沒有收到？」

「是的，小梅大人，收到。但是我們現在就有一個問題……今天走太慢了，可能中午都沒法下山，我們要趕點路，不然等一下真的餓肚子下山，這才比較危險！」

我看了一下手錶，發現已經十一點多了，離山頂還有一大段路程，若十二點到不了山頂，之後下山就真的晚了。於是加快腳步持續往前趕路，無心管那些鬼神問題了。

時間來到仲秋之末的一個假日清晨，出門去走走總是讓人心曠神怡。台灣的山林在這時候也是最美的，可以欣賞到不一樣的風景，那是平地所看不到的，這也就是我為何喜歡山的原因。

我和曉凡參加了一個三天兩夜、在雪霸國家公園舉辦的活動，去探訪這美麗的國家公園。我們到了集合地點後發現，原來喜歡這樣活動的人還不少。也對，這種知性之旅和體驗探索不一樣的生活方式，總會引發人們基本的好奇心，只可惜像我們這樣的年輕人還是少數。以今天這團來說，總共也就有六個跟我們差不多年紀的人，其他都大我們好多。爬陽明山的人年輕人一堆，總不會都是有特殊目的性的吧——為了約會。還是大家聽到雪霸都以為要爬大山？或者年輕人只想爬大山，對這種活動也就沒興趣了？

這時，領隊出現了，年約四十多歲，我們都叫他王大哥。他開始點名與說明須注意的內容和活動細節，五分鐘後正式出發。

在接駁車上，我問曉凡：「好像沒幾個跟我們差不多的年輕人，是因為年輕人都不喜歡這種活動嗎？」

曉凡回答我：「爬山不是很刺激的活動，雖然我也喜歡刺激性的活動，但像這種可以長見聞的也真的很好。只是像我很多同事，他們寧可去逛街或做別的，對於這種動腦又動身體的不大有興趣，他們說這樣跟工作沒兩樣，太累了。」

「怎麼會一樣？開拓視野、吸收新知，體驗大自然的美好，這可不是隨時都可以享受得到的。像雪霸這種美景，就是要這時侯來，才能看到不一樣的，一年就這段短短時間，過了就看不到；而且今年有，不代表明年也可以看到，很多都需要有人帶才找得到，難得有機會又不花什麼錢。」

「妳真的不一樣……像我以前在美國念書的時候，當地年輕人很喜歡這種活動，可是回台灣後我覺得很不一樣。剛開始我也不太能理解，後來我大概知道了——畢竟台灣男生還是比較喜歡傳統生活，這種活動通常都是女生比較喜歡，不然就是本身真的很有興趣。」

我只能說：「咳，怎麼會這樣呢？如果照你說的，我們車上的這幾個年輕人都很特別囉？要不然都是陪女朋友來的！」

曉凡表態道：「我可不是。妳是知道的，我本來就還滿喜歡的。至於其他人可能是，等一下有機會大家聊一聊就知道了，我跟妳打賭。如果妳輸了要怎麼辦？」

「我才不跟你賭，這個我擺明會輸。」我拒絕道。

曉凡卻說：「就是要妳輸給我。」

「無聊！倒是這幾天我們去雪霸，會不會看到櫻花鉤吻鮭和寬尾鳳蝶啊？如果可以看到國寶，還真的不枉此行……這樣吧，如果我們有看到，我就算輸給你，這樣最公平了，反正我也沒底，這總行了吧！」

曉凡回我：「如果真的可以看到，當真是最好的禮物了，這樣我會很期待妳輸。」

「你不是希望我輸嗎？這種才是值得期待的，而且我也願意大方地輸給你，好歹換得一個上蒼的禮物，何樂而不為之。」我說。

「如果妳真的輸了，要怎麼辦？」

「我，願賭服輸，讓你想想你覺得要如何，反正也不急著找答案，就先欠著，到時想到再說，可以吧？」

於是我們就在車上開始研究雪霸的特殊生態與風貌，期待這幾天真的都可以將這些美景盡收眼底。

快接近中午時，我們一行人終於到了雪霸公園入口，領隊王大哥幫我們辦理相關手續後，就準備進入。在等待的過程中，大家互相寒暄介紹，這才知道，原來有幾個是有名的生態保育人員，只是順路搭這班車；也有些跟我們一樣，是來看美景、找國寶的。由於全部總共四十人，王大哥將我們各分成五組，希望大家這幾天可以相互照應，畢竟山林間的意外時有所聞，多點人相互照看著，可以減少意外的發生。

分組結果，我們這組剛好有正在研究櫻花鉤吻鮭和寬尾鳳蝶的研究員，也希望這次能夠有機會可以看到蹤跡。我好奇地問他們說：「你們怎麼會想跟這種民眾團？就我所知的是你們通常都有特殊申請，可以到保育區內做研究？」

他們回答：「你們也是我們的研究對象之一，可以順便了解你們的想法和期望。」

我對曉凡說道：「我們運氣還不錯，有專家陪同尋國寶，說不定真的可以看到國寶們，絕對會不虛此行。」

活動第一天，王大哥帶我們到雪霸國家公園的汶水遊憩區，進行簡單介紹後就讓我們自由活動。在活動中，我們這組八個人，有一個研究櫻花鉤吻鮭、一個研究寬尾鳳蝶，還有一個念植物相關、一個念動物相關的，而另外一對正如曉凡說的，因為女朋友想要來看，就來了。就這樣，大家一邊閒聊一邊逛，放鬆心情欣賞這美麗的風景。

由於他們知道我們是喜歡爬山和親近大自然的人，同組的一對情侶就問我們說：「你們有沒去爬過大霸尖山或大雪山？」

我回答：「我是沒有，畢竟我只爬爬低海拔的小山，當作休閒活動，這種大山都是要做很長時間的規劃和訓練，不然上去會出事。」

曉凡則說：「我有爬過玉山，那時是跟著專業登山團體一起，其實真的就像阿梅講的，需要做好充分準備，不然很容易出事情，畢竟深山中不可知的變數太多了。」

我反問他們：「你們有爬過啊？」

對方回答：「我只是好奇問問，因為我們也沒爬過，但是很多人都跟我說了許多山中傳奇，我想說像你們常爬山的人一定有去過或聽過。」

「山中傳奇？這是什麼？」我問。

對方回答說：「妳不知道嗎？不是都說迷路或怎樣，然後消失幾天又出現……妳難道不知道啊？」

我也不知道該怎麼接下去，曉凡就替我回答說：「是有聽說過，可是真假難辨，你當故事聽就好了，別想太多。」

我戳一戳曉凡，希望他能轉移話題，不要討論這種東西，出門在外講這個，若不幸真的招來怎麼辦。就在這時，同團研究植物的夥伴剛好發現了好東西，介紹給我們認識，此話題才岔開。

到了下午三點左右，大家集合準備住宿和晚餐事宜，我跟曉凡說：「那一對，你有沒有發現怪怪的，特別是那個男的。」

曉凡說：「哪有，很正常啊。我才覺得妳從他講山中傳奇之後就怪怪的，是不是害怕被『魔神仔』跟？」

「我是害怕沒錯，但是大白天的哪會有這種東西啊。我覺得他看人的感覺怪怪的，你沒發現？」

「有嗎，很正常啊，哪裡怪怪？會不會是妳想太多了？」曉凡不解。

「反正我說不上來，你留心一下就會發現了……啊不然你等一下找個機會跟他聊一下他所謂的山中傳奇，或許就知答案了。」

「妳不是怕，還要談？等一下就晚上了。」

我回他：「聊的方法有很多，以你的聰明才智絕對可以，就交給你了！」

「知道了，但是你到時候別又不高興。」曉凡叮嚀我。

「知道啦，反正人這麼多，我就不信會怎麼樣。」

過了一會，領隊王大哥點完名，請大家上車，準備去住的地方和用晚餐。晚餐時間，領隊與我們同桌，席間王大哥跟我們聊了他當領隊的經驗和雪霸美景。原來他也覺得這時候最美，只是不知道是不是客套話，於是我問他說：「有機會可以看到寬尾鳳蝶和櫻花鉤吻鮭嗎？」

王大哥說：「雖然我們會到武陵和觀霧地區，但能不能看到就要看運氣了，畢竟這些都是保育類動物，倒是沿路很多美麗風景都很值得一看……對了，你們怎麼會想來參加這個活動，很多年輕人不一定會喜歡。」

曉凡就逐個跟王大哥介紹我們這一組的成員。

「……山中傳奇？雪霸我是有聽過很多啦，但沒碰到過，只要你們別獨自去那些偏僻的地方、脫隊而行，原則上都不會有問題的，不要想太多了。」王大哥聽完後說。

我戳一下曉凡，要他想辦法問清楚那個人倒底是怎麼回事，每次碰到人都喜歡提這話題。

結果王大哥反問那個人：「你對山中傳奇有興趣啊？那你應該跟登山團體才是，不是我們這種魯肉腳團。」

對方回答：「我不是真的有興趣，而是想要證實。」

「怎麼證實？」

對方又說：「我聽說山林間有很多『好兄弟』，所以想知道是不是真的。」

「你在開什麼玩笑啊，難道你看得到那些？」

對方沒回答。

王大哥又說：「不會吧，你看得到？真的還假的？」

對方依然沒有任何反應，我們猜想可能是真的，終於知道他為何看起來怪怪的了。

王大哥安慰他：「我們這幾天都是去人多、熱鬧的地方，就算是現在吃飯和等一下住的地方，也都是很多人常來的，不會有那個，你放心。」

「所謂的山中傳奇，不就是因為沒憑沒據，所以才叫傳奇？如果有憑有據，就不是傳奇了。我跟你們說，所謂遇到那些『好兄弟』的人通常都是自己脫隊所造成的……。」

對方終於開口：「才不是呢，會被跟都是自個兒命中有帶，所以才會如此。而且很多師父也說，被跟是和你的天命有關或是家中有問題，所以才會被跟。就像我有個朋友，他上次去爬雪山就有碰到，雖然平安回來，但是從此之後，家中運勢走下坡。之後他們家有請師父去看，師父說，他把那個帶回家，算是冤親債主就對了，不處理會出大事。只是他們家不信，沒處理，過沒多久，他叔叔就意外過世了，然後阿姨也出事，再去問師父，說是因為不處理才會這樣給教訓，希望他們可以快點處理。」

王大哥問他：「然後，有處理了嗎？」

對方回答：「嗯，有處理。」

「然後？」

「好像就沒事了。」

王大哥聽完後表示：「我認為是無稽之談。我認為這跟命和運沒關係，應該是他自己本身認知的問題。你想想，如果你說的是真的，那有多少人一輩子都不能近山或近海？可是你想想，你所吃的所有東西不是來自山林就是海邊……當然還有平原，但不就是連這些東西也不能吃，因為牠們也可能會帶『天命』而影響到你。」

其實做任何活動就和讀書做事一樣，都要做好事先規劃，才能避免問題產生。可是有做準備的人又都很自以為是，覺得自己很行，所以就不聽導遊領隊的建議、或自行脫隊，一旦脫隊，就會產生問題。山裡有很多小路，路不熟就會迷路，人一旦迷路就會緊張，一緊張就慌了，忘記要保持鎮定，先做好自身管理、發求救信號；然後一個人孤零零的，不小心又碰到風大點、將樹葉吹得沙沙作響，就覺得好像是什麼人在說話，反而更害怕，就開始胡思亂想，更亂跑亂走、越走越遠，一不小心就走到深山裡。

到了深山裡，發現自己所帶糧食不夠，飢寒交迫，更開始想東想西。山上夜晚沒燈、黑呼呼的，眼前景象一晃就以為是『好兄弟』而把自己嚇昏，等到天亮時醒了，發現自己來到一個不知名的地方，這時如果剛好有人發現你，也就幸運被搭救。然後人家問你跑去哪了，由於你自己只記得迷路這件事，其他的講不清楚、也不曉得怎麼形容，所以就變成山中傳奇；要不然就是，等不到人救，往生了。

其實被救回來的人，可能因為當時餓昏或是精神不濟，意識不是很清楚，表達地也不清楚，等到回過神來，都不曉得是幾天後的事情，然後面對家人朋友關心詢問，發現自己記憶很片段，不知該怎麼說。因為這些被救回來的人其實都受到很大的驚嚇，也就開始對於這些無形的東西產生恐懼，只要一有不順或怎麼樣，就說可能是因為上次迷路被跟沒處理，再加上有心人士穿鑿附會一般，你就會信以為真；既然你都相信了，只要事後發生事情，你就會開始對號入座。」

對方又說：「可是他們家處理過之後就真的變好了些，這你怎麼說？」

王大哥繼續解釋：「個性會影響一個人的行為與習慣，那些不聽話的人，通常也都過於自信，然後一碰到這種超乎準備之外的事情，就慌了手腳，但又怕丟臉，所以就說些無法驗證的東西。至於帶『天命』喔……那是他的個性問題，如果不改、或過一陣子忘了，又會故態復萌。你再想想，如果所有事物都用『天命』來解釋，那你幹嘛要努力工作、念書？根本不用了，因為一出生就決定好了。至於你說有效，這件事情我沒法評斷，我不曉得是不是去辦了之後，心靈得到安慰、陰影排除，又願意開始努力了。」

我接著問王大哥：「既然如此，為何還是有那麼多人會在山裡迷路？前輩們都有交代，難道不是被牽引的嗎？」

王大哥回答我：「你想想，父母老師講的你都不一定會聽，我們講你就一定會聽嗎？而且我剛剛有說，這些人很多都是自以為是的，當然有一些不是自以為是，可能就像醫師說的精神有異常，做出一些脫離尋常人的行為，也不是不可能，但是如果要說都是碰到『好兄弟』，我不認為機率有那麼大。山難或迷路比例，每年也有不少起，這比例有點高，不太合理，我認為他們是找了一個好理由替自己的行為開脫，免於責難而已。」

突然，王大哥又問那個人：「你是看得到，還是看不到的啊？」

對方終於鬆口：「看不到的。」

王大哥就告訴他：「既然看不到就不要想那麼多，不然白白浪費這美景和旅程。我們也差不多要去住的地方了，準備準備、出發吧！」

過了十分鐘左右，我們就到了住的地方。沒錯，就像王大哥說的，很多來雪霸的人都會來這裡住宿，非常熱鬧。王大哥發給我們每個人的房間鑰匙、交代完明天早上的集合時間後，大家就各自回房休息。

回房弄一弄，發現時間還早，我和曉凡就到山莊樓下的大廳坐一坐，發現王大哥也在，我們走了過去，大家一起坐下來聊天。

我首先說道：「王大哥，您稍早解釋的『天命』我覺得有道理耶。我也是不相信這些有的沒的，正好您給了一個好的答案，我覺得受益良多。」

王大哥回我：「妳太客氣了，這些都是醫師說的。像我們這行，這種問題很多前輩們都有遇到或被問到，可是沒有個好答案；後來有一次，剛好有客人生病被送去醫院，我跟醫師閒聊時，醫師告訴我說是無稽之談，所以也才知道，這些人的心理與生理變化是有關的，不然我以前也總認為是遇到『好兄弟們』。而且現在宗教詐騙比例也不低，國內外都有，特別是去東南亞，很多旅客去逛街時都會聽到陌生人說被好兄弟跟、下降頭、下蠱，然後要怎樣怎樣的，結果還真的很多人相信而去處理，也不敢跟我們說，等到回來才說怎樣怎樣，我們也不知道發生什麼事情。畢竟，我們不可能帶客人去那些奇怪的地方，但是勸說是沒有用的，畢竟如果有人告訴你，花小錢改運就能發財誰不心動。後來遇多了，就知道是怎麼一回事了，然後就會交代客人別被騙了，不然回來紛爭太多，也不知如何處理。」

「哦，原來如此。對了，反正時間還早，您就多講講人文趣事，讓我們倆也開開眼界，如何？」我問。

後來又有幾對人下來，看到我們後也加入閒聊之中，分享各人今天發現的有趣心得。

大約一小時後，也十點多了，是該回去就寢的時間，不然明天爬不起來，大家也就散了，各自回房。

第二天我們要去觀霧與雪見地區，我滿心想著不知自己的運氣如何、會不會碰到國寶，所以一早起來就很興奮。

雪見對於喜歡山林幽靜的人是一個好地方，特別像我們這種只爬低海拔山的人，可以看到一些特殊動植物是很難得的。王大哥帶我們走好走的路線，一行人輕輕鬆鬆地進入這美麗的地方，探索美好的事物。

在途中，我們遇到山羌家族、畫眉鳥家族、台灣獼猴等，看起來我們的運氣不錯，說不定晚點就可以看到國寶蝴蝶了。中午後我們改到觀霧地區去參觀，想說應該可以看到蝴蝶吧。當我們走入步道內，發現了許多美麗的植物與雲霧飄渺的畫面，我們被美景給吸引住、幾乎忘記要找蝴蝶。雖然我也知道這個時節可能很難看得到蝴蝶，但既然來了總希望能看一眼也好。

沒多久，同組研究植物的人說，那邊有擦樹花還沒凋謝，很漂亮。我一聽就循聲而往——沒錯，擦樹花小巧玲瓏，真是美麗可愛。心想，花都這麼美，那國寶蝶應該更美，而且既然有擦樹就會有蝴蝶，或許我們的運氣不錯……。

可惜沿路就只看到兩棵擦樹，只有一棵有花，所以沒碰到國寶蝶，有點小失望。

這時，同組的人對我們叫道：「你們快來看看，很特別的喔。」我倆走過去瞧個究竟，原來是國寶蝶的幼蟲，這樣看起來也沒那麼失望，而且牠還在吐絲，應該是準備要過冬了吧，只是不曉得能不能撐得過，畢竟這裡冬天還是很寒冷的。

我問大家：「你們覺得牠可以撐過冬天吧？不然就可惜了。」同組的人回答：「動物界很奇妙，蛹化過程可長可短，不像人類一定要懷胎十月才瓜熟蒂落。只是能撐過寒冬的畢竟不多，這就必須看造化了。」

我說：「如果等牠變成蛹後，我們將牠移到保溫箱，這樣應該就可以吧。」對方卻告訴我：「牠們的生命就是要看能不能承受強烈風霜的考驗，如果透過我們保溫箱，牠們的生命韌性就不足夠了。雖然寬尾鳳蝶是很稀少的，可是如果全透過人類給的環境成長，以後牠們也沒辦法在自然環境中生長，反而不是我們所期盼的。」

「原來還有這麼多用心在裡面，都是我所不知道的，受益匪淺。」我又對曉凡說：「原來保育不是我想的那樣，看來我還很孤陋寡聞，真的有空要多多學習。」

曉凡則說：「他們沒說，我也不知道，沒想到這趟旅程還可以學到這個不一樣的新知，也算是很特別的禮物了。」

就這樣，第二天我們雖沒見到寬尾鳳蝶，但就在這個新知、美麗風景和植物生態的洗禮之下，也算收穫頗豐。結束觀霧的行程，我們就趕快驅車前往下一個地方，準備迎接明天的驚喜。

晚上我們一行人就住進武陵地區，以便第三天有機會看櫻花鉤吻鮭。這時的武陵楓紅片片，美不勝收。王大哥與我們同行的研究員商量，看可不可以帶領我們進去看魚，畢竟復育營地不是一般人可以進去的。

第三天早上，王大哥告訴我們，應該是有機會的，但是沒法很確定，除非他們所長答應，不然不能靠近營地。但是據了解，我們可以在下游看到一些，因為這時節剛好鮭魚洄游，所以可以看到魚逆水而上的情景。我們沿路欣賞美麗的武陵風景，緩步到達七家灣溪，正巧讓我們碰到有魚往上游的情況，這是我第一次看到魚會逆流而上，滿神奇的，只是不曉得是什麼魚。

我跟曉凡說：「我終於知道為何以前人說看魚逆流而上會激勵人心。」

曉凡取笑我：「這麼有感觸啊，妳也可當聖人了。」

我卻認真地說：「你開什麼玩笑，你看魚沒腿、沒手，只能用全身力氣往上，水流沖擊力可能都超過牠的力量，但是牠還是打死不退，拼命往前，只為了一個目標，你想想這需要多大的勇氣和毅力，我們可能都還沒牠有決心和毅力，我們應該要向牠們學習。」

我們就在那溪邊待了好長一陣子才離開，然後往宜蘭的方向回台北，結束這趟旅程。

在回程車上，曉凡跟我說：「妳打賭輸了，妳知道吧！」

我回他：「我沒看到蝴蝶也沒看到鮭魚，怎麼算輸？」

「我們有看到寬尾鳳蝶的幼蟲蛹化的過程吧，至於魚，我問過那位先生，他說有幾隻是櫻花鉤吻鮭的幼魚，其他的不是，只是我們沒法分辨，所以算是有吧。」曉凡說。

「我可以承認我輸，但並不是你說的那樣，因為我從這趟旅程中學到非常多的新知和體認，這才是最大的收穫，我願賭服輸。」

「也是，這次旅行中最大的禮物，就是那些新知和體認，讓我們對自然界產生更大的敬畏與謙卑之心。即便是小小的魚都不向命運低頭，也讓我產生不一樣的感受，真的是很棒的禮物，我認為這才是自然界真正的天命。至於妳輸了，賭注兌現就等我想到再說好了。」

就這樣，我們完成了一趟豐富的知性之旅。

第四章　白衣服的姊姊

接著，時序進入十二月，準備過冬至吃湯圓。冬至前一個週六，剛好全家人都沒有出門，所以老媽就提議，大家來幫忙搓湯圓。

搓湯圓，這是小阿杰最喜歡做的手工點心，自己可以做自己想吃的樣式，而且他也很喜歡做。所以，當小阿杰聽到了之後，就衝過去餐桌上等著，然後學大人的樣子，向老媽招手說：「阿嬤來這裡，給我做、給我做，媽咪、阿姨、爸比、公公快過來！」

這小子，全家點名，不曉得又想幹嘛了。

我湊過去看了一下說：「喔，這不會對不對？需要幫忙齁？」

小阿杰摸摸頭說：「嗯，阿姨一起來幫忙，這很好玩的，我可以做很多種形狀，特別是小星星、小魚、觔斗雲……，妳等一下吃觔斗雲的好了，阿姨妳是當仙姑的，一定要有雲，吃腦補腦、吃雲補雲，不然沒有雲就不能變仙姑了。」

我問他：「吃雲就會有雲喔？那你也吃就能變仙童了，不好嗎？」

小阿杰回我：「爸比說，妳是神明指定的，我不是，所以妳吃雲才會有效，我吃沒用。」

我笑著對他說：「我吃的雲最後都變成肚子裡面的肉肉了，這也沒效，不然你等著看，等一下我吃完，一定不會有觔斗雲飄過來。」

小阿杰有點失望：「是喔，那要怎樣妳才會有觔斗雲，然後妳帶我坐雲出去玩？」

我再次認真地告訴他：「我這一輩子，都不會有觔斗雲，我又不是孫悟空、也不是仙姑，也沒人要做仙姑，知道了嗎！」

然後我對著大家說：「你們別再跟他說這些了，都多久了還沒忘，每次想到就來跟我說要找觔斗雲！我再次跟你們說喔，我就只有枕頭棉花，枕頭棉花等於觔斗雲，懂了嗎？」

大家聽完，哄堂大笑。老姊笑說：「妳就是愛睡覺，還虧妳想得出枕頭棉花來。」

「這最貼切，不然妳要怎麼形容？很像啊。以後再說觔斗雲我就拿枕頭棉花跟小子說就是這個。禍是你們闖的，你們自己去收拾、講清楚。」

繼續搓湯圓過程中，突然電話響了，原來是找姊夫的。姊夫放下手上麵團去接電話，聽起來好像在談房子的事情，不知道是誰的房子怎樣了，講了一個多小時才掛。

老姊問姊夫：「誰啊？講這麼久。」

「就是阿輝啦，他想要換房子，說是現在住的地方不好，問我們這附近有沒有房子要出租的。」

「他們想要搬到這裡來喔？我們這附近是有很多房子出租，可以請仲介幫他們比較快，只是這邊租金可能比他們現在住的那邊高些喔。我們又不是專業，也不清楚他們的需求，你也別瞎參和，讓他們自己去處理，不然上網或假日他們自己出來找也可以。我們又沒有房子要租，別到時候，你幫他介紹，他們又嫌住得不好，我們能怎麼辦？何必找這種麻煩。」

「阿輝他們不會啦，自己人，是妳想太多了。反正有空就多幫忙留意就好，畢竟我們也不是仲介。」

老姊又說：「他們現在住的不也是人家介紹的？現在不就是在嫌不好，哪知道下一次會不會也嫌我們介紹的不好。人心難測喔，你自己要考慮清楚，別到時候惹了一身腥。」姊夫聽完只露出一副「妳不懂」的態度。

過沒多久後，電話又響了，這次講沒多久就掛掉。

接著姊夫就問老爸：「爸，你有沒有認識的風水或是地理師父？我有個朋友想要找師父幫忙。」

老爸回答：「之前迎媽祖那間廟有個師父會，就是教梅梅的那個師姑，聽說會處理。是怎樣？你們家還是親家的風水有問題喔？」

「不是啦，是朋友需要的。」

「看陰的，還是陽的？」

「是陽宅。」

「是要看怎樣，裝潢布局還是其他？」

「是我朋友覺得住得不順，想說請師父幫他看看哪裡有問題。」

「買的，還是租的？租的話，覺得不舒服就搬家，也不用請老師看了，浪費錢！」老爸說。

「他是租的，但是已經搬過兩次家，也都還是不順，所以想找師父看看，爸爸您若方便就幫他引薦一下。」

老爸回答：「我是不知道風水怎麼樣、有沒有效，但是人品好不好比較重要，我們不也是在這住了這麼久，都沒怎樣，也沒找師父看過，不然看了半天，只叫你要換什麼東西，還是怎樣、怎樣的，就是在叫你花錢而已，到時沒效說不定還怪我們，介紹個不對的老師給他。」

姊夫保證：「我朋友是個老實人，您不用擔心。」

老爸才說：「你若確定，我就去拜託人家問，看人家要不要接，你先別答應知道了嗎？若有消息，我會跟你說的。」

「爸爸，先謝謝了。」

這時老姊從廚房出來，詢問老爸：「榭喆跟你說什麼？如果是找師父這種忙不能亂幫，小心點，之前他也來問過我，看你有沒有認識的，我才不想理他。這種事情沒處理好，是會得罪人的。」

老爸不太高興地回說：「我知道，就問問，人家也不一定會接。就算願意，還要對方也要，妳想太多了……咳，不說了。」老爸突然喊我：「梅梅啊！妳最近還有沒有去那間媽祖廟啊？」

「爸，我平常拜的是在北投，你說的那間我以前就沒有在拜。你也知道我一直都只拜大廟，不拜這種小型宮廟的，你要幹嘛？」我問。

「妳是不是還有跟那個師姑連絡？妳姊夫有朋友想要找師姑，如果妳還有去，就找個時間，幫忙問一下。」

我回答老爸：「你想太多了，若不是上次被你們騙去，我才不會去。我既沒興趣，而且那次學的早都忘記了，你不會又想來騙我吧！」

老爸卻突然生氣了：「沒有就沒有，幹嘛說我要騙妳，真是讓人生氣！不用妳問，我自己去問。」

又過了一陣子，某天晚餐的時候，姊夫突然問老爸：「爸，之前請您問的師父……有消息了嗎？」

老爸回說：「那件事喔，我最近也沒碰到李阿伯，所以沒辦法問，難道你朋友還沒找到可以處理的師父嗎？」

我想說，都過一段時間了，怎麼事主自己沒有去找人，還在等我們？也太不積極了吧，這樣怎麼會好！

「好像還沒有……那爸，如果哪天有遇到，記得幫我問一下，我好回人家。」姊夫說。

姊姊突然接話道：「你回答他沒有就好了，幹嘛那麼麻煩老爸？」

姊夫很不高興地說：「我都答應會幫人家問了，妳喔～這樣會讓我沒有朋友的。不跟妳說了，吃飯啦。」

到了接近尾牙的某個日子，晚餐時老爸突然問：「梅梅，妳還記得之前幫北港媽祖接駕時，教妳的那個師姑嗎？」

「喔，我知道啊，怎麼了嗎？」

老爸沉默了一下後才說：「沒什麼事情，只是我今天遇到她了，有跟她說妳姊夫的朋友想請她幫忙看風水。她說有事要找妳，妳過年前找個時間去宮廟找她一下，知道了嗎？記得是過年前喔。」

這時，小阿杰突然問：「風水？好吃嗎？」

大家聽了之後，哄堂大笑。

我回答他：「那個不是吃的，你是餓昏了嗎？」

小阿杰又問：「那是玩具嗎？在那裡？我也要！」

老媽告訴他說：「阿孫，風水不是吃的，也不是玩的。我不知道要怎麼解釋你才聽得懂，你現在還太小，聽不懂，長大就知道了。」

老姊卻說：「媽，妳不能這樣講，會誤導他的；小杰，我跟你說，看風水就是看房子，有人要買房子，先請專家給建議，知道了嗎？」

小阿杰摸摸頭：「房子裡面有風和雨，這樣很冷，不好。難道沒有門和窗可以擋住嗎？不然棉被也可以啊！」

我們聽了簡直快笑翻了。

於是老姊又對他解釋：「不是風和雨在房子裡，是請專家去看房子，看看住起來會不會不舒服。大家住的房子都有門和窗，雨水是跑不進去的，懂了嗎？」

「那風和水有關係？」小阿杰又問。

老姊繼續說道：「風水是指動線，就像我們家和公公家，平常你會走的路線。」

「喔，風和雨在家裡跑……但是我們家裡沒有風和雨啊？」小阿杰仍然似懂非懂。

這時老姊已經沒耐心了，一臉很不高興地說：「你，不要再問了，好好吃飯，等你長大了學校老師就會跟你講，到時候你就懂了。」

老媽聽到以後自言自語說：「還不是一樣，我還以為妳多厲害。」

小阿杰露出無辜又想哭的表情，默默無聲地繼續吃著晚餐。

老爸看到小阿杰受委屈的表情，心裡很捨不得，於是安撫小阿杰：「你乖，趕快把飯吃完，等一下有你最愛吃的水果可以吃，好不好？」

小阿杰聽完後回答說：「公公，你說風水和房子有關係，那水果跟我也有關係。」

「是什麼關係？」

「等一下，被我們吃掉啊！」小阿杰說。

老爸笑著回他：「是啊，等一下就可以吃了，真是好關係，不錯喔！」

幾分鐘後，終於用餐完畢，大家轉移陣地到客廳去看電視，沒想到風水這個話題又被提了出來：「風水、風水……喔我終於知道了，公公我跟你說，他們都說得不對，風水就是風和水果的關係。我們老師有說，水果一般都長在外面。然後我們買回來放在家裡，就是風水了，所以水果和房子的關係很簡單，只要水果是甜的，就是好風水，不好吃就不是好風水，這我也會，我去跟爸比說。」小阿杰馬上就對姊夫招手並喊著：「爸比，我也會看風水喔！」

姊夫很狐疑地走過去說：「我們家有小仙童了啊，說來爸比聽聽。」

小阿杰告訴姊夫：「很簡單啊，這間房子內水果好吃就是好風水，不好吃就不是好風水。」

姊夫聽了之後大笑說：「好、好、好，真是好答案，我們家水果都是甜的，所以都是好風水是吧。」

「是啊！」

「真是新解風水，等一下講給媽咪聽好不好啊？」

於是小阿杰改叫：「媽咪，過來陪我。」

「我們家的小寶貝有事情嗎？」老姊回應他。

姊夫戳戳小阿杰，然後小阿杰對老姊說：「我跟妳說，風水好壞，就是看那家水果甜不甜，水果不甜就不是好風水；像我們家水果都很甜，就是好風水。」

老姊一副哭笑不得的樣子：「風水與水果沒有關係，是誰跟你說有關係的？」

小阿杰回答：「是我自己想出來的，不是喔？」

「風水是一種現象，會影響我們的生活起居。」老姊再次解釋。

小阿杰搖搖頭說：「媽咪，不～。」

我想，大概就只剩下我還沒跟他說明風水是怎麼一回事吧。

我先上網查了一下，想想之後對小阿杰說：「小阿杰來，我跟你說，我們住在屋裡，開窗戶的時候是不是會有風進來，很舒服對不對？風進來，會穿過家裡每一個角落，然後又出去。早上有太陽光會照進來，很舒服，然後我們家電視、餐桌、神明廳、臥房等都有固定的位置對不對？像陽光要怎麼灑入屋內、外面風要怎麼進來、每個房間和東西要怎麼擺，這些就是風水，了解了嗎！」

我講完了，小子眼睛也早已經閉起來，看來是累了、想睡覺了。我趕緊請老姊和姊夫將小子抱回家睡覺去，約莫五分鐘後，姊姊一家人便回去，只是沒人知道小阿杰倒底有沒有搞懂風水跟水果沒關係這件事。

農曆過年前十天，我與師姑見面了。她劈頭就問：「你們家最近是不是有事情？」

「沒有啊！」

「不然妳爸怎麼說有人要看風水？」師姑又問。

我就說：「不是啦，應該是誤會。是有人要找看風水的師父，但不是我們家，是我姊夫的朋友家。」

師姑又說：「我找妳來就是要問清楚，還要問妳，我之前跟妳說的，妳有意願嗎……？」

「如果沒事，我就回去了……對了，師姑您願意接那個案子嗎？」我沒等師姑說完，馬上打斷她。

師姑回答：「這樣吧，妳有空請事主來找我，我再看看。」

「喔，知道了，我回去會轉達的，那師姑您何時有空呢？」

師姑翻著行事曆說：「下週六日下午都可以，就先這樣吧。」

「喔、好。」

「對了，妳……。」師姑再次開口。

我急忙對師姑說：「抱歉，我真的還有事，必須先離開了。」

師姑只得回我：「那就先這樣吧！」

我匆匆地跟師姑道別離開。

我實在是不想聽她說那些怪力亂神的東西，說不定聽完半夜又要作惡夢，不然師姑是個好人，也算是經歷豐富的長者，能夠向她學習一些人生經驗也不錯，只可惜她喜歡跟我講這些有的沒的，讓我敬而遠之。幸好，我最近的睡眠品質都還不錯，不然被她這樣干擾一下、我若還當真的話，就真的換我去看精神科了。

在那之後的下個週六，剛好是過年前兩天，我早已經安排好自己的活動。只是到了當天晚上，我的電話突然響了，原來是老爸打過來的。

電話那頭說：「梅梅，妳在哪啊？妳不是說好今天要去廟裡一趟，怎麼沒去？妳知道嗎，出事了。」

我回老爸：「哪有啊，我又沒答應，是誰做夢夢到、還是聽到我答應？我又不是事主，事主才是主角，是事主有事找師姑，又不是我，我去幹嘛？我算哪根蔥？」

「妳喔，等一下趕快回來就是了。」老爸催道。

我實在想不透，到底發生了什麼事情，心想應該沒大事，等聚會結束後再回去吧！

等我進家門時，已經是晚上十點半，倆老已經休息。我心想，我的判斷還是正確的吧！沒事啊，大家都在睡覺，真是窮緊張，有什麼事情，也要等到明天早上再說。於是我洗完澡後就去床上休息了。

隔天早上，我一出臥房到餐桌吃早餐時，發現有兩個人目露凶光地看著我——原來是姊夫和老爸。老爸率先說道：「梅梅，妳知道嗎？昨天有大事發生了。」

我納悶地問：「有什麼事情，值得你們這麼緊張？」

老爸說：「我不好意思說，叫妳姊夫跟妳說。」

於是我問姊夫：「到底是什麼事情？」

姊夫告訴我：「妳不是說那個師父請我朋友昨天過去？結果我帶朋友過去找她時，她說沒用的，不用看了，沒緣分。我和我朋友聽不懂她說的意思，我又過去問清楚，她說：『有人帶著不乾淨的東西過來，那個不乾淨的東西要處理，你回去跟阿梅說，明天務必請她過來一趟，你和朋友也再來一趟，我們再試試看。』」

「開什麼玩笑，那是你朋友耶，我又不認識，關我啥事？我才不要去，要去你自己去，不然你兒子去也可以，何必要我？就只是找個人充數而已，每次我去，那個師姑都跟我講一堆有的沒有的，我會被她搞得神經衰弱！而且我對這種很玄的東西，既沒興趣也沒意願了解，為何一定要我去，其他人就不行嗎？我才不信，你們可不要被騙了！」

姊夫為難地拜託我：「阿梅，算我請妳幫幫忙好不好？人家都已經答應了今天會再過來，妳就勉為其難，撥出半小時給我……這樣好了，我們家小的也一起去，總可以了吧？就當是去玩啦，幫幫忙，拜託。」

小阿杰聽到可以去玩，就跑來吵我說：「阿姨，一起去、一起去玩。」

我對姊夫說：「是怎樣？找個小說客，套過招的喔！」

「妳就看在我們這麼有誠意的份上，出現一下下、露個臉就好？」

「就一下子喔，不可耍花招。」我說。

姊夫馬上說：「我就當妳答應了，感謝妳啊！今天下午一點半我們一起去。」

我覺得我好像又被騙了……。

下午一點半，姊夫和小阿杰準時來叫我。我們到了之後我就去找師姑，並問師姑說：「師姑您找我有事？」

師姑說：「咳，昨天那兩個是有狀況的，妳等一下就幫我拿著這個知道嗎？」

「就這樣？」

「這個是很重要的，這東西，不是所有人都可以拿。」師姑說。

我半信半疑：「您是說真的還是假的，千萬別騙我喔。」

師姑只說：「等一下妳就知道了。」

這時，小阿杰看到我拿了一個銅做的東西，覺得很好玩，也吵著說：「阿姨，給我拿，我也要拿，人家也要玩。」

師姑聽到了，就嚇唬他說：「你小孩子是不能拿這種東西的知道嗎？它會咬你，怕不怕？」

小阿杰聽完躲到我身後說：「阿姨，好可怕。」

我只覺得有點被耍的感覺，所以就追問師姑說：「請問，您找我來應該不只是要我拿這個而已吧？是不是還有沒跟我說的事情？」

師姑回答：「妳還滿聰明的，但是這要晚點才能跟妳說，如果神明不同意，也就沒辦法喔。好歹妳曾是我無緣的預定接班人，畢竟妳有些與常人不一樣的特質。」

我聽完之後明白：原來還是要跟我說那套東西。我心想，反正也不一定可以不是嗎？

過一會兒，等所有東西都就緒之後，結果原本答應要來的人——我姊夫的朋友，家中臨時有急事不能過來了，所以就此作罷。師姑對姊夫說：「真是沒緣分，我看請你朋友去找別人吧，我幫不了他，抱歉。」

我心中的大石頭也落下了，認定應該就此結束。

但是，到了元宵節之後，姊夫仍又接到那個阿輝的電話。阿輝告訴姊夫，已經找到房子、正打算要搬家，但還是希望能請個師父過去幫他看一看，要不然大家一起去他的新家熱鬧熱鬧也好。

經過一陣商量後決定，等阿輝新居落成後，姊夫一家人再去熱鬧熱鬧。

這時老姊就跟姊夫說：「他都已經決定搬家的時間，應該是有請師父幫他選吧，那就請那個師父過去處理就好了，你也不用再想那麼多、我們也盡力了就好，只能算沒緣分。」

我覺得也對，他之前說要找師父，應該是迷信風水之說，所以搬家一定要找師父挑時間。既然決定了，那就表示找到啦，我們也就不必淌這趟渾水了，以免到時候搞得一身腥。

阿輝搬好家的隔天，姊夫就帶著他們一家人去阿輝家做客。當天下午大概四點就進家門了，出乎我們意料之外。本來想說，他們應該會留在那裡吃晚飯，然後直接回家去，倆老今天就看不到孫子囉！結果小阿杰一進門，才張開惺忪的睡眼，沒過一會兒，又在沙發上睡著了，姊夫只好將小子抱進臥房睡。

約莫六點半，晚餐準備好了，姊姊喊聲：「吃飯了。」原本總是跑最快的小阿杰今天卻沒出現，我就進臥房叫人，順便請姊夫一起來。

終於，所有人都到齊，可以開動了。小阿杰忽然說：「公公，你知道嗎，輝叔叔的家好漂亮，可是我不喜歡。」

老爸問他：「是喔，你為什麼不喜歡啊？」

小阿杰回答：「公公，你知道嗎，今天那裡有很多人，但是都不理我，我不喜歡他們，他們怪怪的，而且也沒人陪我玩，下次不要去了。」

老爸又問：「他們為什麼都不理你啊？你跟公公說。」

這時，姊夫插話道：「哪裡有別人，不就是我們家和阿輝叔叔、嬸嬸，還有他們家兩個小孩，總共就七個人啊！你別自己亂編故事騙公公喔！」

小阿杰生氣地說：「我明明就有看到，有幾個穿白色衣服的人，都在那邊，手還伸長。」

姊夫就說：「你還沒睡醒喔，今天阿輝叔叔家沒有人穿白色衣服的。」

小阿杰手抱胸生氣地說：「明明就有、明明就有，哼。」

老爸就問他：「那些穿白色衣服的人是誰啊？你為何覺得不喜歡？」

「公公，你知道嗎？他們都在玩躲貓貓，一下出來，一下不見。我有跟爸比說，他說沒有啊，叫我不要吵。我怕怕，但是媽咪和爸比都只跟輝叔叔他們聊天，我好無聊，結果有個穿白衣的姊姊向我靠過來，我真的很害怕，就跑去找媽咪，跟她說我要回家、回家啦，我下次不要去了。」

老爸聽完了之後說：「你等一下叫媽咪過來找公公好不好啊？然後這個給你，要戴好喔，不可以拿下來知道了嗎！」

過一會，老爸把老姊叫過來問：「水睛，妳兒子說今天去別人家不好玩，妳知道嗎？」

老姊回答：「小孩子無聊沒事幹，編故事吵人，我唸過他了。你問榭喆就知道，根本什麼都沒有，害我們多不好意思。」

「看起來他有被什麼嚇到了，我剛剛給他掛了個保身符壓壓驚，晚上妳注意一下。」老爸叮嚀道。

「知道啦，小孩子亂說的，不會有事的。」

到了夜裡凌晨兩點左右，我的手機突然響了。哪個半夜不睡覺的，竟敢擾人清夢！我沒搭理它，結果卻一直響，實在吵得受不了，一看來電顯示，竟然是老姊。我接起來電話劈頭就說：「喂，妳幹嘛啦！妳半夜不睡覺，我可要睡覺。妳知不知道現在幾點了？」

老姊在電話那頭說：「小鬼突然發高燒了，要送急診，而且還有點叫不醒，妳來幫忙一下。」

我回她：「幫忙？妳老公在家，應該找他才是……妳是昏頭了？」

「妳姊夫下去開車了，快點過來幫忙就對了。」

「我才不要過去，現在是半夜，妳等一下妳老公就好，我去沒用的。」講完我就掛上電話，回床繼續睡。

小的又生病了，看樣子可能要住院喔，反正老姊他們會照顧就好，輪不到我管。

早上九點，這日是星期日，老爸老媽早已經在客廳坐了許久，我從房間出來準備吃早餐。今天的早餐還剩下許多都沒動，我隨口說道：「是怎樣，都沒人吃啊，怎麼還這麼多？」

「水晴他們家還沒過來吃，妳別吃完喔。」老媽回我。

我告訴她：「他們今天早上不會過來了，昨天大半夜小阿杰發高燒送急診，現在應該還沒回來。」

老媽一聽就急了：「夭壽喔，是怎樣了？會不會很嚴重啊？妳趕快打個電話給水晴，看看怎麼樣……。」

「等我吃完再打可以嗎？」

老媽卻突然說：「該不會是煞到了吧？」

我反駁她說：「妳想太多了，就是感冒吹風受涼而生病，不然還會是怎樣？妳喔，想太多了。」

大概九點半左右，我的手機又響了，果然是老姊打來的。我接起來便說：「看好啦，沒事吧？」

「現在燒還沒退，要住院治療幾天，妳跟爸媽說一聲，這幾天我們就不過去了，晚餐你們自行解決吧。」老姊說。

「知道了啦，妳等一下，老媽要找妳……。」

我將手機轉給老媽聽，大概兩分鐘之後掛了電話。

「我等一下要過去看一下，沒看到不放心……對了，阿梅妳帶我和妳爸一起過去。」

我只好先取消外出的行程，準備跟老爸老媽一起去看小子。

在前往醫院的路上，我聽著倆老不斷叨唸著說，他們夫妻倆沒將他們的寶貝孫子照顧好，一直唸一直唸，我都快被逼瘋，只好對他們說：「拜託你們等一下直接唸給老姊他們聽，唸給我聽有什麼用？別唸了。」

終於到了醫院，發現老姊和小子都還在急診室的觀察區待著。我問老姊：「怎麼樣，是沒有病床，還是可以準備出院了？」

老姊說：「沒這麼快，都還沒有退燒；至於病床，已經叫妳姊夫去處理了，等一下應該就可以轉上去了。」

我伸手摸了一下小阿杰的額頭，說：「都幾個小時了，怎麼還沒退燒？」

「小杰一直還是燒著，現在三十九點五度，剛吃了藥，正在睡呢！」

老爸也伸手摸一下小阿杰然後說：「不行啊，怎麼還這麼燙？退不了燒，腦子會燒壞的，我要去問醫師這是怎麼了，連退燒都不會啊。」

我阻止他：「老爸你也太誇張了吧，本來生病就會發燒，很正常的，醫師都給點滴和藥了，你還想怎樣啊？小心太吵會被人家趕出去的。」

老爸自知理虧，才說：「沒有啦，就心急……。」然後就坐在床邊，等著醫師的通知。

不一會兒，姊夫出現了，老爸又開始激動起來：「阿孫是怎麼了？燒都沒退，你有沒有跟醫師說啊？」

姊夫回答：「醫師說，是感冒引起的肺炎，因為比較嚴重，所以要住院治療。肺炎退燒沒這麼快，爸別擔心了。」

一個小時後，護士來告知要轉床了，我心想：終於辦好了，不然等一下老人家又要唸了。終於趕在中午十二點前將小阿杰的床位轉好，我就先帶著老爸和老媽去醫院樓下的美食街用餐。沒想到，假日人還是超多的，所以我們只隨便點了一些東西吃，吃完就上去了。

回到病房後，小阿杰終於醒了，只是很虛弱地躺著看我們，老爸安慰他說：「乖孫，生病了要好好聽醫師叔叔還有媽咪、爸比的話，這樣才會快點好喔！等病好了，再來陪公公好不好。」

小阿杰只說了句：「媽咪，我肚子餓。」

「水晴啊，中餐都還沒吃是不是？趕快去準備，要吃飯才會有體力、才能對抗病魔。」老爸催促道。

「有，早就送來了。」然後老姊就坐在床旁邊，打算親自餵，畢竟小阿杰的手正在打針沒法動。老姊對小阿杰說：「醫師叔叔說你發燒只能吃稀飯，來媽咪餵，乖。」

十五分鐘後，小阿杰就把中餐吃完了，看起來應該是好很多了。吃完沒多久，小阿杰又開始睡覺，我們也就準備回去，於是我帶著倆老回家。

三天後的晚上，我終於有空檔可以去醫院探望這個小病人。我心裡估計小阿杰應該不會再發燒了吧，如果還繼續燒，可能真的會把腦袋燒壞掉。應該再觀察個幾天，就可以出院了。

進入病房後，我問說：「這幾天我出差沒空過來，小子應該快好了吧？」

結果，大家只是面色凝重，我一臉狐疑地看著姊姊和姊夫，而老姊則是一副快哭出來的樣子說：「小阿杰……不太好，體溫一直沒降下來，醫師還在想辦法。」

我只好說：「肺炎不就是這樣，沒這麼快好，醫師不是有說一般都要七天左右，等一等就會沒事的。」

老爸也接話說：「哪有燒成這樣的？阿孫都一直在三十八點五度左右，這樣下去，真會燒成笨蛋的啦！不行，我看這醫師不行，要給他換醫師了。」

「老爸你別太誇張，這樣溫度是有降的，只是不多而已。醫師本來就說小子算嚴重的，剛送進來時都四十多度，既然比較嚴重，當然好得慢，都已經第四天了，應該快了，肺炎治療本來就沒這麼快，你別擔心了。我們要相信醫師，你都不相信醫師，醫師怎麼幫你？而且這間醫院已經是台北市有名的小兒科專業醫院，算是最好的了，不然你還想換去哪裡？你就耐心等等看，就只是發燒、活動力差一點，應該快好了。對了，胃口怎麼樣？能吃就沒大事，不能吃問題才大。」我問。

老姊說：「吃還算好，所以還有體力，能夠撐一撐，只是這樣發燒也不是個辦法啊，妳姊夫已經去找醫師商量要怎麼處理。」

過了三天，又是星期六，小阿杰還是繼續住院沒出來，雖然也好些了，但就是沒活力、一副病懨懨的樣子，雖然體溫是有降下來，但半夜還是又燒到三十八度，難怪沒體力，所以小阿杰只能繼續待著，看看明後天有沒有機會出院。倆老和老姊一家，一整個星期就這樣揪著心。

又過了幾天，小阿杰依然沒能出院，因為晚上還是會發燒，只是都是那種不高也不低的體溫——三十七點五度上下，所以，醫師要求繼續留院治療。我心裡暗想，肺炎最多最多，也就住個十天就能出院，哪有人住這麼久的，是不是醫師真的太兩光了？哪有這麼難？這些大人，倒底會不會跟醫師溝通和要求啊？如果明天還是不行，真的要找醫師好好溝通一下了，再不行就要換醫師，不然還真不曉得要拖到何年何月。

第二天上午，我跟老爸老媽一起過去時，剛好主治醫師也在。我看醫師也是一副也很頭痛的樣子，在跟我姊姊和姊夫解釋病情和狀況。醫師說：「我們現在已經更換最強效的抗生素，看看效果會不會比較好，但是這種藥已經是最後防線了，如果還不行，可能就不只是單純的肺炎。這段期間我們還是會繼續做檢查，看看是不是還有其他病原體或是免疫性疾病。」

「醫師，怎麼還是不會好？不是已經換過兩種抗生素？好像效果有限。」我問。

醫師一聽急忙解釋：「一般最多兩種就會好，這次你們小寶貝用到第三種，已經是最強的藥。這次的狀況比較特別些，我們一定會盡全力的，也會從一些小兒先天性免疫問題開始著手處理。」

我接著問醫師說：「免疫性疾病？不會吧，老姊你們不是都有做婚前健康檢查，小孩出生不是也有做一些篩檢，我們家有免疫性疾病的問題？」

「好像沒有，頂多就是蠶豆症，這醫師知道啊，其他好像就沒有了。」老姊回答。

醫師說：「沒關係，我們還是做個更精密的檢查比較好，通常以這麼小的小孩來說，高燒不退很有可能會是免疫系統發生問題，而且免疫性疾病大多都是遺傳成分居高，晚一點我請同仁來幫忙抽個血送去檢驗，等報告出來再研究。」

這不是號稱全台最專業的小兒科醫院嗎？怎麼連是肺炎還是免疫性問題都沒法判斷？看來這間醫院的招牌，可能要被我們家小子給砸了。

後來老姊和姊夫仍繼續跟醫師討論著，大約十分鐘後才離開病房。

這時，老媽真的耐不住性子了：「我看真的是被煞到了，等一下我回去拿些符過來。對了，水晴妳把小孩的內衣拿幾件給我，我拿去請師姑處理，不然再這樣下去，到時候腦袋都燒壞了，這還得了。」

我阻止老媽：「這是什麼年代了，妳還信這個？不是我說妳，生病就是要看醫師，妳不要被騙了。」

老媽反倒說：「妳不懂，妳閉嘴，小孩有耳沒嘴，別亂說。」

反正看起來，老媽就是要這樣處理，勸也勸不聽，那就只能如此了，幸好收驚的費用不多，如果能換得心安也好，不然還能怎麼辦？

我只好趕快幫忙把倆老送到廟裡，去找黃師姑處理。

倆老跟師姑說明了來由與小孩狀況後，師姑說：「是有這個可能，但是你們還是要好好配合醫師，別就把小孩接出來，反而使病情更嚴重，我也請神明一起來幫忙。」

師姑比手畫腳一番，唸了一堆我聽不懂的咒（還是經？），大概十分鐘後結束儀式，接著跟我們交代說：「等一下先將這個符燒化，用陰陽水給小孩擦一擦，然後把這衣服直接給小孩穿上，如果明天退燒了就不用來了；如果沒退，明天符仔水還是要擦洗一次，衣服要換上乾淨的，知道了嗎？」老爸接過師姑給的東西後，包了個紅包給師姑，接著我們就驅車前往醫院，依照師姑指示的方式處理，交代完後就先回家休息，打算隔天再來。

隔天下班後我直接到醫院，得知昨天半夜小阿杰還是發燒了，就跟老媽說：「妳看，沒效吧，妳別迷信被騙了。」

老媽則說：「師姑說要看第二天，如果明天晚上還在燒，我再去問師姑。」

隔天早上七點左右，老姊打電話來說：「昨天晚上小子流了一身汗，晚一點再多拿一件小孩的衣服過來喔。對了，昨天晚上小子睡得很好，衣服記得先給老爸請師父處理再拿過來。」

我覺得詫異：「妳不是最不信的人嗎，什麼時候也開始信了？」

「死馬當活馬醫，不然還能怎麼辦？不講了，就這樣，我等妳，先掛了。」

這個鐵齒的人也會信，不會是真的吧？還是方寸大亂、不知道該怎麼辦？

總之，我趕快去找衣服，剛好之前小孩在這洗澡，換下來的衣服還有幾套，索性就拿兩套過去好了；然後我乾脆直接拿去廟裡請師姑處理，何必再勞動倆老？

師姑見到我就說：「嗯～我想你們家那個小孩，應該是看到不該看到的東西……阿梅，我問妳，上次那個是妳姊夫對吧？」

「是的，不曉得有什麼問題？」

師姑回答：「不是妳姊夫，是他上次帶來的那個朋友有問題，有空真的要處理一下，不然遲早會出事的。」

「您就直接去他們家、幫他看好了，好人做到底，救人一命勝造七級浮屠不是嗎？」

師姑掐指一算、比劃一下後，說：「緣份啊，緣份啊……阿梅，時候到了，可以請他們有空直接過來了。」

「我知道了。」

師姑又笑著說：「請他們自己過來找我就可以了，哈哈哈，我看可不可以處理，畢竟我也沒把握。」

「我知道，要用陰陽水對吧。」

大概過了十分鐘後，師姑說：「好了，記得喔。」

「不是，是要記得提醒他們有空來廟裡一趟。」

「會啦、會啦，我走了。」之後我就趕快去了醫院，將師姑處理好的衣服交給老姊。

到了病房，看到小阿杰很有精神，並且已經下床跑來跑去，然後對我說：「阿姨、阿姨，陪我玩。」

我對他說：「你好像好了耶，很不錯喔！飯也都有自己吃光光，很快就可以出院了。」

小阿杰又說：「阿姨、阿姨，陪人家玩啦。」

「你等一下，我有事情要先跟媽咪談，等一下再陪你玩，你先在床上自己玩，你乖。」

我想病應該是好了，開始會盧人了。

我對老姊說：「應該快好了吧，說不定明後天就可以出院了，妳要的東西給妳，師姑有交代，記得要跟上次做法一樣……對了，師姑另外有說，請姊夫的朋友——阿輝有空去廟裡一趟，他們上次有來過。」

我交代完事情後就去找小子：「小阿杰，你幾天沒看到阿姨，想不想阿姨啊？」

小阿杰說：「我前幾天都有看到白色的、會飄的阿姨，好可怕。」

「呸呸呸，阿姨不會飄，也沒有白色衣服，你是睡昏了。」

「沒有啊！就是跟那天輝叔叔家的一樣。」

我對他說：「你是在做夢，公公有請神佛保佑你，不怕不怕。」

小阿杰又說：「阿姨我跟妳說是真的，今天我就沒看到了。」

我虛應一下說：「好，你說的是真的。因為你都很乖，所以神佛有來保佑你，將他們趕走，知道了嗎？」

什麼時候我也需要這樣說了？咳，不管了，反正能趕快出院就好。

當天晚上，小阿杰終於不發燒了。隔天一早醫師來巡房，替小阿杰做檢查時，看到裡面穿的是有蓋章的衣服，再看著我們，臉上露出會心的一笑，然後才看著病歷說：「不燒就好、不燒就好，再觀察一兩天，如果沒再發燒，就可以出院了。對了，關於檢驗報告的部份，我們確定可以完全排除先天免疫性問題。」

我想，可能醫師也知道我們用了符仔水，還是收驚這種非正統醫學的東西，雖然在醫院燒符紙或多或少還是會有味道，但可能也見怪不怪了。

兩三天後，小阿杰順利出院，就這樣折騰快半個多月，大家終於安心了。

隔天晚餐時間，老姊突然對姊夫說：「你看，都是你，沒事去招惹阿輝他們，結果害小孩倒楣，你下次要去自己去，不要再讓小孩跟了，一次就受夠了。」

老姊說完後，大家都摸不著頭緒，到底是怎麼一回事，應該就只是因為去了一趟阿輝家，結果生病了所以心情不好發牢騷。

我卻覺得，根本就是你們自己沒照顧好小孩，還怪別人……咳，只是想卸責而已。

這時我想起來，廟中師姑有交代，要請阿輝一家人過去，我就問老姊說有沒有跟姊夫講那件事。

「我才不想管，妳想做好人妳自己去跟妳姊夫說，煩死了。」

我也很不高興地看著老姊，然後跟姊夫說：「你上次去廟裡找師姑的那對朋友，前幾天師姑有說，請他們再去找她一次，有事要交代。」

「知道是什麼事情嗎？」姊夫問。

「可能就是幫他們化解或看風水吧，反正最近讓他們有空去一趟就對了，去見師姑又不用錢。」

姊夫聽到這個消息後，晚餐結束就打電話給阿輝，跟阿輝說了這個消息，請他撥空來一趟。雙方約好時間後，姊夫掛上電話問我說：「阿梅～妳這週末下午應該有空喔？」

「你要幹嘛？」

「妳應該會跟我們一起去喔？」姊夫問。

我回答：「師姑說讓他們自己去就好，幹嘛要我去？」

姊夫發出嘿嘿笑聲說：「是啊，但妳若有空就一起去。」

老爸突然發話說：「梅梅，妳有空就去一下，順便幫我跟主委拿一下東西。」

「我才不要去，每次去，那個師姑都跟我說一些莫名其妙的東西，煩死了。」

「妳有空就去一趟，有好沒壞。」老爸再次說道。

「到時候再說。」

到了星期六，剛好真的沒事，老爸又提了一次：「妳下午有空去廟裡一趟，主委有東西要給我，幫我拿回來，我等一下要跟妳媽去別的地方。」

我說：「晚一點啦，反正你們回來，我就拿回來了。」

這時小阿杰說：「阿姨，帶我一起去玩，我也要去。」

我說：「阿姨下午去幫公公辦事情，媽咪在家裡，你乖，陪媽咪好不好？」

「媽咪等一下要跟公公一起出門，沒有要陪我，妳陪我啦，帶我一起去。」

我又說：「等一下爸比就過來了，讓爸比陪你待在家裡。」

「爸比沒有要過來，下午也要出去跟阿輝叔叔談事情，妳也要出去，沒人陪我，我會怕怕。」

我突然想起：「對喔，爸比下午要去找阿輝叔叔喔！」那這樣就不能留小孩自己單獨在家，於是我回答：「你先去問媽咪，她同意我就帶你出去。」

小阿杰很興奮地三步併作兩步跑去，跟老姊說下午要跟我出去。一會兒後，小阿杰將雙手高舉著歡呼：「好耶，可以出去玩了。」

我交代小阿杰說：「好，下午一點半我們準時出發，但是你要聽話喔，在外面要有禮貌，要乖、不可以亂跑，在外面也不可以說要睡覺覺、抱抱、背背，知道嗎？」小阿杰點頭如搗蒜，興奮地自顧自去研究下午出去玩的事情。

也對，可憐小子在醫院關了那麼多天，終於可以出去走走，也好。只是既然是要帶孩子出門，總要準備一些東西，畢竟小阿杰才大病剛癒，總不能回來又生病，這可就完蛋了。我就跟小阿杰說：「既然要出去玩，媽咪之前不是都有教，要自己準備東西對不對？你現在先去拿自己的水壺、背包、帽子，還有～去把襪子找出來，沒穿襪子是不可以出去的；然後～去將你的外套掛在應該放的地方，等一下出門穿……都整理好了，再來找我，我要檢查一下，沒弄好就不可以去。」

沒多久，老爸、老媽和老姊就一起出門了，而小阿杰為了要出去玩，很快地將事情做好，跑來跟我邀功說：「阿姨，我弄好了。」

我去檢查了一下，說：「嗯～很棒，我要先去準備午餐，你先在客廳自己玩，但是不可把家裡弄亂，等一下曉凡叔叔會來家裡陪我們一起吃飯，吃完飯後休息一下就出門去玩。」

小阿杰回答「好～」之後，自己隨手拿個玩具，就乖乖地坐在客廳的沙發上看著電視節目，等我準備好中餐。

十五分鐘後，曉凡也到了，他先陪小阿杰玩，我則繼續張羅中餐的東西，沒過一會兒，便可以吃飯了。吃完中餐後，今天由曉凡負責收拾善後，等碗盤都整理好、大家休息一下後，我就喊說：「小阿杰，趕快把衣服、襪子穿好，包包背好，我們要出門了。」

小阿杰急忙邊跑邊拿衣服和包包，一邊回答：「阿姨、叔叔等我一下。」

我安撫他：「不要急、不要急，我們會等你的，又不會跑掉！」

「嗯～我檢查一下有沒有忘記帶的東西。」在我檢查完小阿杰的東西後就說：「好～我們出門了。」這小子便很自動地，緊緊牽著我的手，出發了。

既然是要出來玩，當然不會馬上去宮廟，但畢竟還是冬末春初，天氣依然很冷，小阿杰大病初癒，也不適合跑太遠的地方，所以我們就去離家最近的百貨公司，那裡剛好有適合他玩的遊樂設施可以玩。

我們到了之後，便往兒童遊戲區方向走，我和曉凡與小阿杰都進了遊樂區玩，他與曉凡在裡面玩得很開心。我想，他真的在醫院被悶壞了，看到他玩得很開心，我也很高興。

約莫兩個多小時之後，我說：「差不多了，我們要離開囉。」

小阿杰一副心不甘、情不願的表情看著我說：「阿姨，我還想要再玩一下下。」我看了一下手錶告訴他：「好~五分鐘，五分鐘後就準時走，可以嗎？」小阿杰聽到還有五分鐘，就又回去溜滑梯了。

五分鐘後我準時喊他：「小阿杰時間到了，走了，我們要去別的地方了。」小阿杰就在裡面磨蹭、磨蹭，捨不得出來，曉凡連哄帶騙地把他帶出來，我則把外套和包包遞給小阿杰，然後說：「這裡這麼好玩啊，下次讓爸比和媽咪帶你來玩好了，快把外套穿好、鞋子穿好，包包背好，不可以耍賴。」

小阿杰雖然心不甘、情不願，但只得將自己衣服、背包從我手上接過去，然後穿好、背好，一副依依不捨的樣子說：「阿姨~我好了。」

我幫小阿杰穿好鞋子後說：「好了，走吧。」

「我們等一下要去幫公公拿東西，等一下到廟裡看到人要有禮貌，看到阿伯、叔叔要跟人家打招呼知道嗎？」我想，帶著他去一趟也好，畢竟待在醫院那麼久，去廟裡走一走、過一下運，保平安。接著我對曉凡說：「羅先生，你今天表現得好像是他的大玩偶喔，很專業地陪他玩，不錯嘛。」

曉凡回我：「我小時候也沒玩過遊戲，今天發現還滿好玩的，你不是也玩得很盡興？」

「是啊，難得可以回憶童年時光，算也不錯的。對了，等一下我們要先去我們家附近的宮廟幫我爸拿東西，如果你在裡面聽到了什麼，千萬別搭理知道嗎？有疑問等走了再問我，可以嗎？」

曉凡問：「是什麼事情這麼嚴肅？」

我只說：「你到時候就知道了。」

約莫半小時後我們到了廟門口，一走進去看到姊夫也在那，小阿杰就跑過去姊夫身邊，我在後頭提醒他：「慢一點，要小心！」這小子也太現實了，一有爸比就不要我們了。

我慢慢走過去然後問道：「姊夫你們幾點到的？」

姊夫回答我：「我們也剛到沒多久而已。」

「小孩就交給你照顧，我要先去找主委，拿老爸交代的東西。」

我走到廟內辦公室，跟主委說明我的來由，主委交了一包沉甸甸的東西給我，說是老爸要的。

「這是什麼東西？」我問。

主委說：「沒什麼，就大家共同訂了幾箱地瓜和米，分一分。」

我謝謝主委後就離開、去找小阿杰，並且跟姊夫說：「小孩交給你，可以喔？我們就先離開了。」

姊夫急忙說：「我還沒辦法離開，不然你們先帶他回去好了。」

我看了一下小阿杰，完全不理我，我便喊說：「我們要回去囉！」

結果，小阿杰只是看了我一下，然後拉著姊夫說：「爸比，我還不想回家。」

「爸比還在忙，你要不要先跟阿姨回家等爸比？爸比晚一點就回去了。」

小阿杰急忙回說：「我不要，我不要～。」

姊夫嚴肅地制止他：「在外面不可以這樣，好好說。」

「我想跟爸比一起在外面，我會乖乖的。」

「這樣才對。你去問一下阿姨，可不可以等一下一起回去，去～。」

小阿杰就跑來拉著我的衣服說：「阿姨，爸比說可不可以等一下一起回去，我想跟爸比在一起。」

齁，這小子這麼快就變節了。我想了想覺得，也好，等一下跟著姊夫的車，我們可以省一段路，索性就答應了，畢竟我們還有些時間，也順便看一下到底在幹什麼。

環顧四周只看到一對夫妻坐在師姑面前，我想應該就是老姊口中的阿輝吧。師姑憑空比劃了一堆，又唸唸有詞，不知道在幹嘛，不一會兒，師姑看到我，說：「阿梅，妳來啦。」

我回答：「來幫我爸跟主委拿他們團購的東西。」

「是喔，對了你們有沒去上香？」

這時才想起我忘記了，就回答師姑說：「我現在就去拜，小阿杰跟阿姨和叔叔一起去跟神明打招呼，感謝祂讓你早日康復。」

師姑只說：「妳喔～。」

我趕緊去點香，帶著小阿杰先去廟裡拜一下，拜完後再回這邊等著。

這時候，師姑開始對著阿輝夫妻說話，姊夫也靠了上去，師姑問：「你們是不是覺得之前搬了幾次家，幾次都住得不順？」

他們回答：「是啊，所以我們又搬了一次家，師姑，這次總不會又有問題吧？」

此時，姊夫小聲嘟囔著跟師姑說：「我兒子，就是和阿梅在一起的那個小孩，我們一家人去了他們的新家之後，小孩子回來就大病一場，前幾天才出院的。不知道是靠醫師，還是符仔才好，從來也沒這樣過。」

師姑看了我和小阿杰後說：「這小孩已經沒事了，但還是盡量不要去那些比較陰的地方才好，畢竟大病初癒，元氣還沒完全恢復，能免就免。」

姊夫點點頭，應該是有聽進去，然後師姑繼續說：「你們方便的話，最近幾年住過的地址給我，我有空過去看看。」

阿輝夫妻問說：「師姑，您這樣要收多少費用？」

師姑回答：「原則上，我們算有緣，紅包隨意就好，等我去看過你們之前和現在居處的地方後，確定能處理再給就好。」

「好啊、好啊，有人願意幫我們真好。」連忙寫了三個地址給師姑，並跟師姑說明居住次序和期間。

師姑看了一下後告訴他們：「離這都不會很遠，這樣吧，擇日不如撞日，等一下就過去好了。」

我心想：可以回去了吧？總不會我們還要跟吧？

結果沒幾秒鐘，師姑就指著姊夫和小孩說：「你和你小孩等一下先回去，不可以跟。」但是看著我說：「阿梅，妳等一下有空一起來。」

怎麼又來了！我立刻跟師姑說：「不了，我又不懂，您若還有事要跟我說，等您忙完再打電話給我好了，不然我在這等您也可以！」

師姑掐指後說：「沒關係，反正今天也只能看看，其他的也沒辦法處理，妳不想去就算了，我就先和他們一起回去看看，能處理再說吧。」

我和曉凡就沒等姊夫先行離開。

一離開曉凡便問說：「那個師姑妳認識？」

「是啊，就是上次辦活動時教我的師父，也可算是有師徒關係，但是我們不是你想的那種師徒關係，別亂想。」

曉凡笑著說：「我知道，妳表現得那麼明顯，所有人都看得出來，妳對她退避三舍。」

「有這麼明顯啊？那不就傷到人了……哎呀，反正顧不了那麼多了，至少讓她不要再跟我說接班的問題。

「接班？妳要接她的班？不會吧？」我說。

我回答：「我才沒有要接班，我又沒頭殼壞去，做他們那行，規矩很多的，這樣生活太痛苦了。我們不要討論這個問題，等一下先回家，然後再找個地方坐下來好好吃一頓，反正剛好有空。」

這時曉凡說：「妳不會忘記妳還欠我一個賭注的事情？」

「你要我今天還？不會吧？你也沒說要什麼，我也沒準備，你總不會想說……。」

「我才不會趁人之危，我是還沒想好，只是提醒妳別忘記了喔。」

「拜託，我何時說話不算話了，你現在想好等一下要去哪裡了沒？」

曉凡想了想後，說：「我們去吃德國菜好了，我知道有家好吃的德國菜，上車，現在就出發，過去現場等一下就可以了。」

於是我們就先回我家，把東西放好再出門。

稍晚回到家時，聽見電話鈴聲響，原來是阿輝打給姊夫的，我想大概是要謝謝他的吧，不然就是講剛剛請師姑去看了到底是發生什麼問題，也可能是解決了、沒問題了。

十五分鐘後電話掛了。姊夫自言自語地說：「正如我所料，真的是房子不乾淨，小孩給煞到了啦，下次他約我，一定不會去他們家，不然哪一天換我被煞到。怎麼都換了幾次還不行，咳，他們運氣太差了吧。」

我聽完，很不以為然地接話：「福地福人居，一定是人有問題，不然現在那些地方怎麼都還有住人？而且那些有問題的房子仲介才不敢賣，你別亂迷信了，你想我們家和你們家都住幾年了，也沒問題啊，我們有找師父看過嗎？別亂信，很多師父都是要騙錢的，若不是師姑有認識、還算有良心的，早就不知道開口收多少錢了。」

姊夫就說：「不好說、不好說～，對了，妳可別跟妳姊說，不然又要來吵了。」

看看時鐘已經快五點了，但是老爸他們還沒回來，看起來今天晚餐要各自想辦法，我就跟姊夫說：「我們等一下要出去吃，你們要不要也一起出去吃好了。」

曉凡也覺得可以，這時小阿杰便說：「好啊、好啊，爸比我要吃麥當勞。」

姊夫告訴他：「你病剛好，不可以吃這種東西，我們去轉角那家店吃飯好了，你不是喜歡吃他們家的海鮮燴飯？」他們父子協商了一會兒，最終決定跟我們去吃德國菜。

這家上菜速度還滿快，到了餐館點完菜，沒過一會兒，我們點的菜就都上齊、可以開動了。

吃飯期間，小阿杰突然說：「我們家的風和雨都沒有進來。」

姊夫回應他：「對啊，房子是擋風遮雨的地方，風和雨水進不來家裡面。」

小阿杰又問：「那阿輝叔叔家風和雨都會進去喔，所以才不好是不是？」

我聽了不知如何回答：「啊？」

姊夫也一臉納悶著，看著小阿杰說：「阿輝叔叔家你不是才去過，風和雨也進不來的啊。」

小阿杰這才說：「我有聽到他們在廟裡說，家裡風水不好才搬家，不就是風和雨在家裡玩。」

看來我上次的解釋他一定沒聽到，老爸、老姊、老媽聽到也一定很傷心，畢竟之前就解釋過了，怎麼還是這樣，完全失敗。

我只好再次告訴他：「阿輝叔叔家不是風和雨跑進去，而是房子裡面家具擺放的位置不好，或是走路容易撞到，或是不好走，所以要請人家去幫他們看一看，重新調整。」

「對了，我上次去他們家有白色飄飄的女生，好奇怪。」小阿杰補充道。

再次聽到小阿杰這樣說，我很驚訝：「你不是開玩笑的吧？」然後看了一下姊夫。

姊夫說：「我也不是很清楚，但是他已經講了第三遍，應該不是騙人的，反正下一次不要去就好。」

我又跟姊夫說：「可能不是這麼單純喔，小子在醫院也講，你心裡要有個底，我是不懂啦，有問題你可以去問廟裡那位師姑，問是不收錢。」

吃完飯後，我們就各自離開，我和曉凡就在街上逛一逛。可是我心裡還是毛毛的，覺得不太對勁，就問曉凡說：「你覺得我們家小子講的是真的還是假的？」

曉凡說：「小孩子對這種事情通常都不太說謊的，我會認為是真的。」

「不會吧，這樣太恐怖了，你可別嚇我，現在是晚上。」

曉凡卻打趣道：「妳怕就緊緊地讓我抱著就好啦。」

我回他：「不知你是要耍浪漫，還是要討抱抱啊？也不用這樣嚇我，這樣我晚上可是會作惡夢的。」

曉凡又笑著說：「不然晚上我陪妳睡，妳就不會做惡夢了，如何？」

「你喔，來這套，我才不上當，我要回家自己睡。」

曉凡繼續笑著：「怎麼就沒拐到妳答應。」

「想要拐我，少來了，如果我是你，才不會用這種爛招。我今天真的不能太晚回家，我還要先問剛剛那小子的問題，然後回家跟家人商討一下，不然到時候成真，說不定我們都會出事。」

「我知道，等一下我就送妳回家。」

一到家，我就打個電話給師姑，想問一下阿輝他們的狀況。電話接通後，我就問師姑：「今天我有帶一個小男生過去，告訴我說日前去今天找你們那對夫妻的家有看到『魔神仔』，不知道是真的還是假的？」

師姑說：「是啊，是有，就一個跟著他們的『魔神仔』。」

我直接脫口而出：「不會吧，還真的有被『魔神仔』跟，夭壽喔，怎麼會這樣呢？他們夫妻看起來很正常，怎麼會碰到這種事？」

師姑回答：「這件事說來話長，他們可能是將三年前住的那間的『魔神仔』一路帶著。」

我很驚訝：「不會吧，『魔神仔』還會跟著搬家，太可怕了。」

「應該是之前沒有處理好，還是怎麼樣，所以就跟著。」

我這時才知道，若沒處理好，「魔神仔」是會跟著搬家的，那這樣以後誰敢買凶宅。

我想了想就跟師姑說：「不對啊，聽說他們都是租房子，就算有『魔神仔』也是屋主處理，『魔神仔』要找人也是找『屋主』才對，怎麼會跟著租客，而且一般租客不會處理這種，若知道房子有這樣的問題，頂多就是搬家。而且大部分的租售房屋，都是人家已經規劃好的房屋為主，除非你是自地興建的房子，否則很難找到為你量身訂做、十全十美的房子，但是也不可能住得不順，就認為房子有問題，然後大興土木，不合情理。誰知是否真的花錢，能夠換來好的方案，所以我認為只要主格局沒太大問題，自己與家人住起來舒服就是好風水，而如果有些風水上的小瑕疵，其實可以靠自己去發現、去改善，重點是要住得舒服，看上去也舒服，我們所祈求的不就只是如此而已。」

師姑回答我：「妳說的沒錯，只是他們家，這問題就牽扯大了，只能說『福地福人居，住得舒服就是好風水』。有些好風水的地方，但住的人不好，也是不會變好的；可是有些地方，或許風水不是很好，但因為這個人做了好事，好運就一直跟著。所以，人若是做壞事，哪天『魔神仔』就會跟著你，所以不可以做壞事。」

「在家裡安放神明不就可以了？那樣『魔神仔』便進不了門、會被擋在外面。」我說。

師姑回答：「他們說是有放，我今天去看了沒用，沒請到神。一般會有那些『魔神仔』的地方，神明是請不到的……看樣子妳很有興趣喔，不愧是指定人選，孺子可教也！」

「沒有，我只是確定一下是不是小孩子亂說話，就這樣，謝謝，掰掰。」我立刻結束這通電話。

第二天是星期天，和平常一樣，我和曉凡要去烏來爬山。我跟他說了昨天詢問的結果，然後曉凡回我：「你們家小朋友有陰陽眼耶，可以看到『魔神仔』。」

「蝦咪，不會吧？」

曉凡接著說：「妳不是說那師姑可以通靈看得到，所以應該是沒錯的，而且妳姊夫和姊姊還有其他人都說沒看到，不是嗎？所以他應該是有陰陽眼才對。」

「我們家都沒有人有，所以我不認為是陰陽眼，應該是剛好運勢較低，所以才看得到，要不然會不會是那種抓交替？越想越恐怖，別嚇人。」我說。

「我可沒嚇妳，如果沒有陰陽眼，還會讓你看到？通常都不會是好事情，這也就是所謂煞到，幸好最後沒事。」

「陰陽眼，為何會有陰陽眼？其實也不是很多人有，我是沒有研究過怎麼一回事，怎樣又可以看到『魔神仔』或神明。」我問。

曉凡回答說：「說實在的，我也不清楚這是怎麼一回事，有空可以找個時間來研究一下，為何有些人有，有些人沒有。我也滿好奇，這些人到底哪裡跟我們不一樣，總有些共通之處吧！對了，我們下週來做這研究好了，就不安排爬山，看能不能找到一些蛛絲馬跡，反正我也很有興趣，想了解一下。」

「可以來研究一下，或許我們真的可以發現這些人的共通點。那我們就去圖書館好了，看看有哪些研究文獻上有說明，反正可以破除那些迷信，增廣見聞好事一件，那就這樣辦吧。」我附和道。

我接著又說：「倒是，我比較好奇的是，如果真的有『魔神仔』，為何搬家還會跟著搬？如果只是普通的租屋客，那這樣也太恐怖了，我們怎麼能判斷這間房子有或沒有？然後師姑說，房子內有髒東西，神明是請不進來的？如果她說的是真實的，那不就很多人家中沒有請到神，都是鬼在住？多可怕。」

「妳幹嘛自己嚇自己，福地福人居，同一的地方有些人住就有事，有些人就沒事，不就是這道理，想那麼多幹嘛。」曉凡說。

「也對，不然像你常出國還得了，哪知道住的飯店有沒有問題，說不定還有美麗女鬼來陪，讓你喜孜孜喔。」

曉凡卻說：「我是沒碰過美麗女鬼，但是上次出去就有遇到鬼壓床。我們兩個男人住一間，我們兩個都被壓，還好沒事。」

「鬼壓床？你確定？你們住哪個飯店，以後那間飯店就不住了，太恐怖了！對了，那後來怎麼趕跑了？」

曉凡回答：「我跟妳說，還算蠻丟臉的，我當下嚇到了，來不及反應，就眼一閉，啥也沒想，然後求求他趕快走，就這樣一直到天亮。」

我又繼續問：「你覺得是女鬼還是男鬼啊？」

曉凡回答說：「那個力量還蠻大的，應該是男的，倒是我另一個同事說，他覺得那是個女的，因為有感覺到軟軟的壓上來，好像是女生胸部。」

我笑說：「他豔福還不淺。」

「我想沒有人想碰到這種豔福，太恐怖了。這也是我第一次遇到，齁，真的很恐怖，完全無法動彈，就是要叫，也叫不出聲，求救無門，千萬不要再碰到了。我還以為以前都是別人隨便說說，自己碰到了還真是不得了。」曉凡說。

「我覺得是你們那天太累了，別想太多了。」我又問：「對了，你怎麼沒有叫阿彌佛陀還是什麼的，不是聽說唸這個有效？」

「當下沒法思考，腦子一片空白，哪還能想得到那些。」

「不是飯店房間都會有聖經、可蘭經還是佛經，怎樣？沒用喔？」

「有用我就不會碰到了。」曉凡回答。

「也對，應該是沒有用……那什麼會有用？」我再次問道。

曉凡就說：「我也不知道，反正最後就豁出去，不管了、隨他便，什麼也沒做，過一陣子就沒了，我也睡著了。」

我回他：「幸好平安回來就好，這才是最重要的不是嗎！」

「妳還是很在乎我的嘛！」

「當然，我是很關心，我覺得你以後要出差時，還是帶個香火袋比較好，或許多少有些幫助，至少求心安，我也不會擔心。好了，不講這個話題了，我們今天來烏來，就是要賞美景的，講這些多穢氣，還破壞我們的好心情，白費了良辰美景。」我決定結束這話題。

曉凡附和說：「是啊，就是來欣賞美景的，這才是重點。」

就這樣，我們沒再聊這個話題了。

到了下一個週末，我們相約於國家圖書館，打算好好研究一下陰陽眼的問題。在搜尋過程中發現，主要集中在醫學和宗教這兩類，宗教界認為，真的有陰陽眼，但是好像不是我們所知的那麼一回事，通常這類只能看到鬼，而不是神明，因為功力的問題，如果要看到神明的話，就必須要經過長期修練，即便如此還是很難的，必須是得道高僧或神明加持才能夠達到。而醫學類說法則是認為，陰陽眼是個人幻覺，通常會出現在精神病患、有偏頭痛、吸毒酒癮、腦部病變、藥物中毒、或是電解質不平衡，或發高燒等身體有疾病的情況下，當然也有醫師說是眼球疾病，導致視野出現了幻覺，但是目前沒有任何科學證據可以證明，陰陽眼所說的那些影像究竟是存在還是不存在。

既然是這樣的話，我只覺得我們小阿杰是屬於後者身體有恙產生的幻覺，而非陰陽眼，至於世人所說的陰陽眼，目前人類還是沒有辦法判斷，所以就變成信者恆信，不信者不信。

倒是我發現「鬼壓床」原來醫學稱為睡眠麻痺症，主要是身體過度疲勞、壓力太大、或作息不正常的人才會發生，因為身體太累了，所以身體與大腦功能不協調，只要深呼吸幾次就可以解除這種麻痺。

我戳戳曉凡要他看這段鬼壓床的說明，然後小聲跟他說：「你很符合，就是上次出去太累了，自己要多保重，讓關心你的人放心知道嗎！」然後我又問說：「你有找到其他有趣的內容嗎？」

曉凡回答：「好像都差不多，不過這裡有個說法很好，擁有陰陽眼的人，是因為自己曾經與這些幽冥界的靈，所完成的交換條件，好讓自己能夠獲得提前重獲新生的機會，由於必須於今生償還那些曾經幫助當事人的無名眾生恩德，因此保留可看得到無形界的能力，這是為了要提醒他們，飲水思源。」

「這說法很好，讓看得到的當事人去明白原由，並且可以接受，也讓我們這些看不到的人不會害怕，因為跟我們無關，也就能說明為何只能看到鬼，沒法看到神的原因。」我說。

「為何？」曉凡反問。

「很簡單啊，你有欠鬼恩情，所以你看得到鬼，兌現你曾許下的諾言；但是要見神，那是要看你有多大的功德與福報，因為神沒有欠你，所以沒必要讓你看到。至於你有沒有欠祂，你自己心知肚明，如果你有欠，祂更不想讓你看到。」

「說得真好。」曉凡看一眼手錶，然後說：「差不多了，先去吃飯吧，等一下再研究要幹嘛好了。」

我問他：「你還想要繼續看書嗎？」

曉凡說：「我想今天看到這樣也就夠了，下午我還是想要出去走走，妳覺得如何？」

「好啊，那就這樣辦吧。」

我們趕快將書放回原位，整理整理就離開了。

吃完中餐，我們就到台北近郊蹓躂，我說：「我今天看書最大收穫，應該就是最後你給我看的那段話，那位作者寫的那段話真的很不錯，讓很多人擔心害怕的事情一下就迎刃而解，讓任何人對於幽冥界不再只是恐懼的，你覺得如何？」

曉凡回我說：「作者是個國外有名的心理諮商師，那段話真的可以安撫很多人恐懼的心，畢竟日子還是要過下去，總不能一輩子活在恐懼和陰影中，相信透過這樣，能使人生迎接更光明的未來。」

兩週後的星期六晚餐飯後休息時間，我聽到姊夫和姊姊的對話說，阿輝家裡犯風水這件事情好像已經處理好了。只是我心想，以後我們家應該沒有任何人敢再去他們家了，連一次都不會想再去，不然，說不定這次處理好，下次又被跟。

「你朋友阿輝一定是有問題的，記得離他遠點，以免惹禍上身，殃及我們這些無辜的人，我可是還想多活好多年的。」

最後我還是再次提醒姊夫。

第四章　白衣服的姊姊

第五章　南方沒有菩薩？

農曆二月十九日是觀世音菩薩的生日，一早老爸老媽就開始準備拜拜的相關供品，忙進忙出。由於菩薩生日對於我們家來說是一年一度最重要的神明祝壽活動，所以老人家們向來也都準備一大桌、十多道菜色，來向神明祝壽，感謝神明去年一整年的照顧。而當天我們也會因為菩薩的生日，可以吃到澎湃的菜色，也算是沾了神明的光，所以我們也很期待，拜完了可以有好吃的。

今年菩薩生日剛好是假日，所以大家也就有空可以幫忙準備，不然以前這種事情，我們根本沒空搭理。吃完早餐後，我和小阿杰負責弄麵糰製作壽桃，老姊和姊夫就準備一些湯食，大家分工合作，大概兩個小時內就搞定了。快接近早上十一點，所有的供品都準備好，其他的東西也準備就緒，可以拜拜了。

向菩薩祝壽，在我們家的規矩，是老爸主祭，其他人跟著拿香拜就好。從以前我就一直很好奇，老爸不會講台語，跟菩薩祝壽講國語，菩薩可以聽得懂？還是老爸會背台語翻譯內容，然後講國語？由於老爸也沒唸出來讓我們知道他到底講國語還台語，我們都認為，老爸想講的，都叫老媽用台語唸給神明聽。因為上次黃師姑告訴我說，神明聽得懂國語，所以我認為老爸和老媽其實各講各的。反正老媽都還滿尊重老爸的要求，應該是依照他要求的內容講。原則上除了姊夫之外，我們也聽不太懂老媽講的東西，只知道大意就是感謝菩薩和祝壽詞。

終於，將香插入香爐，我們就可以先離開，等晚點再來處理。半個小時後，老爸老媽叫我們：「來喔，趕快拿紙錢下去燒。」我們就趕快把金紙拿下去燒一燒，趕緊處理完畢。金紙燒完後，就可以準備吃中餐。

我問小阿杰說：「今天中午吃麵喔，下午吃桃饅頭好不好？」

小阿杰反問：「是不是菩薩麵？那個沒有很好吃，我想吃牛肉麵。」

「菩薩麵？這是什麼麵，我們家有這種麵嗎？」我覺得困惑。

小阿杰就說：「有，就是那個拜拜才會有，然後跟一般麵長得不一樣，比較細，然後跟桃饅頭放在一起。」

「桃饅頭沒有麵啊，而且我們拜拜通常也沒有特別吃不一樣的麵，你說的是什麼？」

小阿杰就跑到神明廳指著桌上說：「就是這個，麵上有神明的菩薩麵。」

我才恍然大悟，原來指的是麵線啊。這東西何時有新的名字，我怎麼不知道？所以我就問老姊：「你們叫這菩薩麵啊？」

老姊回我：「沒有啊，就是壽麵，哪有什麼菩薩麵。」

我叫來小阿杰說：「來，小阿杰，你跟你媽咪說這是什麼？」

「菩薩麵。」

這時中餐也準備好了，大家入坐、準備用餐，我對著大家說：「這小子說我們今天吃菩薩麵，所以要心存感激喔。」大家傻了一會兒，然後笑一笑，老爸就問小阿杰：「阿孫，為何叫做菩薩麵？」

「就是拜拜時給菩薩先吃，麵上有神明和菩薩，然後我們再吃，因為有神明和菩薩就是菩薩做的，所以叫做菩薩麵。」接著小阿杰又繼續說：「爸比跟我說，菩薩生日，我們吃麵，會得到神明庇佑，雖然菩薩麵沒有牛肉麵好吃，但是也還可以。」

我們聽完大笑了一會兒，我才接著說：「小阿杰你說得真好，但是今天的菩薩麵你覺得如何？」

小阿杰回說：「嗯，還可以！」

這時老爸對他解釋：「阿孫，這不是菩薩麵，它是壽麵，給人和神明過生日時吃的。」

小阿杰卻說：「不是、不是，生日要吃蛋糕，不是吃麵。我生日吃蛋糕，爸比、媽咪、阿姨生日也吃蛋糕，公公阿嬤生日也吃蛋糕，沒有吃麵，公公你記錯了。」

老爸繼續說：「以前人生日沒有蛋糕可以吃，都吃這種麵，所以才叫壽麵，因為是用來慶祝生日和壽辰。」

「以前人好可憐，讓他現在來吃蛋糕就好了。」小阿杰說。

我聽了有點嚇到，心想：這小子不會叫鬼來吃蛋糕吧！

我馬上接話：「以前人是不可能來現代的，我們又沒有哆啦A夢的時光機，所以他們吃不到蛋糕的。」

「那神明生日可以吃蛋糕吧！」

老媽告訴他：「只拜蛋糕，神明吃不飽，而且蛋糕不能放，會壞掉。」

老姊也跟小阿杰說：「生日蛋糕不能離開冰箱那麼久，會壞掉的，你看我們家有買蛋糕都是放冰箱，要吃才拿出來，然後切好沒吃完就放冰箱。可是拜拜時候，蛋糕要離開冰箱半小時以上，會壞掉，反而浪費。」

「公公有說神明吃東西很快，菩薩是神明所以也很快，我們給祂五分鐘吃完，然後就換我們吃，這樣就不會壞了，不然我們跟神明一起吃就好啦。」小阿杰說。

老爸告訴他：「神明再快也沒這麼快，而且我們跟神明一起吃是很沒禮貌的，你忘記祂們是我們請來的貴客了嗎，所以不行。」

小阿杰聽完垂頭喪氣地說：「喔，神明生日沒蛋糕，我不喜歡。」

老爸告誡他：「阿孫，不可以這樣，對神明不敬，神明會生氣的。」

小阿杰沒反應地繼續吃著他的菩薩麵。

麵吃完，小阿杰把碗拿給老姊說：「吃完了，喝湯。」

老姊對他說：「好棒喔，吃完了，來、我們今天喝四神湯。」

老姊將湯乘好後放在小阿杰面前，然後說：「好喝的四神湯，這是你喜歡的，趕快喝。」

小阿杰回說：「不是四神，我們家只有三神，阿姨是仙姑，是因為這樣所以算四神做的湯嗎？」

我再次強調：「我可不是仙姑喔，也不是神仙，所以我們家神明就上面三位而已。」

小阿杰就說：「媽咪，是三神湯啦，妳說錯了。」

「三神湯？是什麼？」老姊不明白。

「這湯是給三位神明喝的，所以是三神不是四神，阿姨說她不是神仙，所以我們家沒有四位神明。」小阿杰如此說明。

大家聽完又是一陣大笑，然後老姊對他解釋：「四神湯跟神明沒關係，是湯裡有四種材料組合而成，所以稱為四神。」

「可是他們長得不像神明？」

老爸接著解釋：「食物怎麼會長得像神明，這種湯是有四種對身體有益的食物，所以稱為四神。」

「喝了會神奇，還是會變神明？」小阿杰又問。

老爸就笑著說：「阿孫，喝了不會神奇，也不會變神明，只會讓你頭好壯壯，身體健康，這樣就很神奇了。」

「我還以為喝了就會有觔斗雲，這樣我就可以跟阿姨坐觔斗雲去玩。」

我說：「怎麼會是我帶你？找你爸比才對。」

「沒有，妳是仙姑，所以妳可以控制雲，其他的人不會。」小阿杰說。

「好，你喝完湯，我帶你去找觔斗雲。」

小阿杰開心地說：「阿姨真的有觔斗雲耶！可以去玩了。」

「吃完來找我喔，我等你。」

大家好奇地看著我，於是我說：「跟你們說了多久了，你們都說不清楚，怎麼辦，我來讓他搞清楚好了，不然他真把我當仙姑，以後還去跟同學說我們家有仙姑。」

五分鐘過後，小阿杰吃完了，跑來客廳找我，說：「觔斗雲，阿姨妳叫它來。」

「不用，我們去我的臥房，走。」

小阿杰就興沖沖地先跑過去，看了一下，跟我說：「沒有雲啊，在哪裡？阿姨，雲回家了是不是？」

我拿著我的枕頭跟他說：「這就是我的觔斗雲，你看看，它會飛嗎？」

「原來阿姨睡在觔斗雲上，好特別。」

我就說：「哪是啊，你不是也睡過，覺得如何？」

小阿杰回答：「妳的沒有很好睡，我比較喜歡我的。」

我問他：「枕頭裡的棉花是不是很像孫悟空的觔斗雲？」

「嗯，可是孫悟空的會飛……。」

「我知道，孫悟空是有跟仙人學習法術的，所以會說人話、可以坐觔斗雲，你之前不是去過動物園，那裡也有猴子，會說話嗎？」

「牠們都不會，只會吱吱叫。」

「這就對啦，孫悟空跟一般猴子是不一樣的，但是阿姨跟一般人是一樣的，你們沒有的，我也沒有，知道了嗎？」

「阿姨不是有去廟裡學習當仙姑？那就跟孫悟空一樣了。」

「我沒有學習當仙姑，也沒學法術，所以和一般人都一樣，我去廟裡只是幫忙招呼，就像我們去餐廳吃飯，是不是都有叔叔阿姨會來幫忙點菜或是上菜？我跟他們一樣，只是我招呼的是神明而已，但我還是普通人，跟你們都一樣。」

「可是他們都說，招呼神明的人是不一樣的。」小阿杰說。

我告訴他：「你看今天你也有幫忙招呼神明，只是在家裡，而我是在廟裡，你有不一樣嗎？」

小阿杰回我：「我沒有雲，也沒有不一樣。」

「這就對了，我也沒有，不會因為在廟還是在家裡，就有所不同。」

「可是他們都說妳是仙姑。」

「如果我是仙姑，我們一家人都是神仙了，別聽那些人亂說知道了嗎？所以以後有人跟你說，你阿姨是仙姑，你要怎麼回答？」我反問他。

「我阿姨說不是。」小阿杰回答。

「答對了，好棒喔，這樣知道了吧。所以我也沒觔斗雲，以後也不要再來說要找雲了。」我接著說：「等一下先去睡午覺，睡起來再去找公公玩，準備一下，和公公與阿嬤說午安。」

直到晚餐後，老姊一家人才回去休息，我也搞定小阿杰對於仙姑與觔斗雲的問題，希望以後不會再提起了。

到了清明時節，我和曉凡各自接到一份新的外派工作，跟家人討論後，我決定出去試試，想說畢竟自己還年輕，能夠多看看外面的世界總是好的，只是以後，就不能在家裡陪父母了。至於父母的部分，就只能交給老姊他們多費點心。

正巧老爸前些日子腳受了傷，我們姊妹研究了一下，決定趁這時候，將原本這兩間房子賣了，換一間有電梯、大一點的房子，這樣就更容易照顧了。幸好父母還算硬朗，這樣我也比較能安心些。

再次回來，剛好碰上中秋節，可以與家人團圓過節。回來之後碰到的第一件事，竟然是去年教我迎駕的那位師姑前幾天因肺炎過世了。我仔細想了一下，她也沒幾歲，怎麼這麼突然，只能說世事無常。

我回想當時她跟我說過的話，自己再沒多久就不能幫神明服務，所以要交班，看樣子那時候，她可能就知道自己離大限不遠。我想，如果哪天，也能像她一樣，能夠知道預計何時會離開這世界，可以趕快完成一些尚未完成的心願或事情，何嘗不也是人生一件樂事？只是又有多少人真的能夠在死前那一瞬間通通放下？這可是一個很大的考驗。

我想說，既然休假回來，也得知這消息，是應該找個時間去上香、祭奠一下，不管怎麼說她也教了我一些東西。老爸告訴我，明天她要出殯，看我有沒有空過去一趟，我想也沒想，就一口答應明天去送一下。

隔天上午，我驅車前往她的靈前祭拜，這才發現，原來師姑是有子嗣的，只是我從來都沒聽她提起——或許我們的緣份，就真的僅限那場活動。

等整場儀式結束後，我才離開，在回程的途中，我跟曉凡說：「我始終想不明白，黃師姑既然有兒有女，怎麼沒讓他們接衣缽，為何還要另外再找人接班？照理說，子女應該就是他最好的繼承人才是？」

曉凡回答：「妳也不用想這麼多，家家有本難念的經，他們家的問題，不是我們這些外人可以幫忙的，既然她在世時沒提，應該就是有難言之隱，何須死後去挖人隱私？人都死了，所有生前的仇怨也都該放下，難不成還要追到陰間去喔？讓死人也不得安寧，這可就是真的夭壽了。」

「也是啦，只是可惜啊，師姑有通靈、看透陰陽的能力，如今看樣子，她老人家一身的功力，可能就真的後繼無人了。現在只希望她在另一個世界可以得到安詳與寧靜，或許我有機會可以……。」

晚上回家吃飯時，我問老爸：「爸，你知道嗎，那個黃師姑原來是有兒女的，怎麼沒讓他們接手幫宮廟辦事？照理說，這種通常也是家族企業的……。」

老爸回我：「這說來話長，人都走了，還說三道四，有損陰德的。」

「我又沒有要你說三道四的，只是想了解狀況，說不定還可以幫忙化解誤會，積德報恩。而且你們不是常說，功德……還是因果……還是什麼的，我不清楚啦，但是我知道助人為快樂之本，畢竟我與她也算師徒一場，之前沒幫上人家忙，也沒本事可以還她人情，若有機會可以解開家人間的誤會，何樂而不為？你有空會去幫忙做資源回收，做義工、印佛書，不會連這個道理都不懂吧。」

「家家有本難的經，人家的家務事，我們外人怎麼管？」

我又說：「你做義工和幫忙做資源回收，其實就是管人家的家務事，只是大家給這東西一個冠冕堂皇的名稱，不然你說，垃圾分類，本應該是各家份內應該做好的事情，就是做不好才會有你們這批人，這不也是管人家閒事？醫院做義工，你可別告訴我說，醫院內都不會有人吵架，你若前去阻止、調解或是請他們小聲點，也是管別人的閒事。」

老爸反駁我：「妳不能這樣說，我們是為了公眾利益。」

「沒個人利益，哪來公眾利益？你不會天真地認為，每個人都是以公眾利益為出發點？不然哪天你去試試，叫你們義工同好者，全都放棄現有利益和身分地位，你看他們願不願意，我可以保證人家當你是瘋子。還虧你看佛書，我不用看也都知道。」

「妳怎麼這麼說，讀經書是好事，裡面有很多大道理的，學做人做事。」

「是啊，讀書是好事，但可別因噎廢食，得不償失。你可別忘記，你最喜歡的孔夫子怎麼說——親疏遠近。黃師姑算是你的朋友吧？比起醫院的路人甲要近了吧？你都願意去幫助那些不認識的人，為何不願意幫助認識的人，你不覺得很怪嗎？難道你念的論語和我念的論語不一樣？」

老爸這才說：「咳，說不過妳，妳要問他們家喔，妳問妳媽啦，畢竟都是女人家。」

老媽說了一大段，我才知道：原來黃師姑她當時為了修道、想當仙姑，跟了一個師父，結果那個師父要她與家人不再來往，以免影響她求道的機緣和考驗。而且那個師父一直灌輸她一個很奇怪的觀念，就是拋家棄子是得道必經的考驗，因為以後你的生命中只有上仙、上佛，並且透過專心一致、心無旁騖服侍，才有可能成為仙佛指導的候選人，然後得到濟世救人的能力，使你未來可以明辨陰陽是非。

在這過程中，她的家人一直求她回來，她竟然跟家人說緣分已盡，多說只會阻礙她修道的過程，而且那師父還說，如果他們再繼續阻撓，很有可能會報應在她和家人身上，所以只有斷絕關係，方可避免現世因果與業障輪迴。

一直到幾年後她碰到另一位師父，就是給老爸經書的師父，她才恍然大悟——原來之前那個師父根本就是騙人的，這時想回去找家人祈求原諒，只可惜為時已晚。

如今小孩也都長大了，因為沒辦法諒解母親當時為何會做下這種決定，而且讓他們在最需要她的時候，過著沒有母親陪伴的人生，聽說有很長一段時間都沒聯繫了，因此她就將心力轉放在教化世人這部分，希望能夠幫助別人，不要因為想學佛求道，而被有心人利用與蒙騙。

其實她還真的不錯，做很多服務大眾的事情，特別是很多人有事拜託她幫忙，只要對方經濟能力不佳，她除了不收對方錢之外，還會幫助對方去取得一些補助。她自己是說，就當作贖罪，既然自己有些濟世救人的本領，就應該承襲神恩，好好幫助需要幫助的人，並且也希望後輩不要有人再跟她一樣走冤枉路……。

老媽接著說：「聽說，一直到她要過世前幾天，因為醫院要辦手續，醫院通知她老公，全家才有機會團聚，可是已經來不及了，沒幾天她就走了。」老媽講到激動處時，一直覺得都是那個師父害了她一輩子，真是害人不淺。

我聽完後只能說：「咳，命運的捉弄……反正到最後應該是誤會冰釋了吧，不然她的小孩和老公也不會來送她最後一程。只是，若像老媽所說，她都在教化世人，後繼無人就很可惜了。她也算是有福報的人，至少在人生最後一段路，還有機會可以一圓與家人團聚的夢想，她應該也了無牽掛了。一個人如果可以這樣離世，也算是幸福的。」

這時我們家小阿杰突然說：「做仙，不要家人、小孩，神佛壞壞。」

老爸趕緊說：「阿彌佛陀，小孩子不懂事。」

我也說：「神佛都是好好的，祂都在保佑你，不是壞壞，你講錯了。」

小阿杰卻說：「阿嬤剛剛說，跟神明學做仙，就不要家人、小孩，所以神明壞。我之前還以為神明都是好的……這樣以後全家都不能拜拜，妳看媽咪拜了就不要我了，爸比也不要我了，不行不行，我要爸比媽咪。」

老爸告訴他：「阿孫啊，神明我們還是要拜的，祂會保佑你平平安安地長大，而且神明不會叫人家學做仙啦。你想啊，我們家的神明，和你去廟裡拜拜，神明有叫你做仙嗎？」

「神明又不會說話！」小阿杰說。

我心想，還是小孩最真了。

老爸就說：「不是神明不會說話，是你聽不懂祂說的話，所以我們要念書，去聽懂神明說的話，知道嗎？」

小阿杰便問說：「那公公你有念書，但是你聽得懂神明說的話嗎？」

老爸回答：「公公可能書讀得不夠多，或是還不夠透徹，所以也聽不到神明說的話。」

有病的，你當真。」

我則是自言自語：「正常人怎可能聽得到，醫師都說，能聽到神明說話的人，有很多是

小阿杰倒說：「公公，聽不到就不會拋棄我們了，還是聽不到好。」

我也接話說：「是啊，我們也都聽不到，所以全家人都在一起，而且我們也都拜神明，也沒有要拋棄家人不是嗎？所以神佛是好的。」

小阿杰卻轉頭看著老媽說：「阿嬤，妳騙人。」

老媽急忙回答：「我沒有騙人啊？」

「阿嬤妳剛剛不是說，學做仙，不要家人，不要小孩，但是阿姨和公公說的不是這樣，所以妳騙人。」

老媽告訴他：「阿孫，不是的，我跟你阿姨說的是一個師父的故事，是那個師父騙人學做仙，不要家人、孩子，他才是壞壞。」

小阿杰聽完後說：「對啊，阿嬤說，做仙不要家人小孩，是師父壞壞～，所以師父死了，壞人死了，耶！」

老姊實在聽不下去，就制止他：「小阿杰，你好好吃飯，別再問了！是那個騙人的人不對，但是那個師父不是壞人，她是好人，她有幫你把討厭的病病趕走，所以不是壞人。」

但姊夫也跳出來說：「水晴，妳怎麼這樣跟孩子說話，他會被嚇到的，妳看又快哭了。」

「這小子，不好好吃飯，亂七八糟問一堆，吃飯時間就要好好吃飯，不然很不衛生。」老姊回說。

換我聽不下去：「請問妳平常跟同事出去吃飯，是只吃飯不講話的嗎？那誰還要跟妳去吃飯，妳自己可以別人不行，又來了，我看是妳自己才有問題，小孩子本來就這樣，等到哪天他都不問、不說話了，妳就要擔心他是不是又生病了。妳別每次都嚴以待人、寬以律己，我看是妳太離譜！」

「好了別吵了，不就是一個問題，有必要這樣針鋒相對地嗎？」老爸趕忙跳出來阻止話題，然後對小阿杰說：「阿孫，乖，我們吃飯喔，等一下公公帶你去找神明，看看祂們是好還是壞，好不好？」

終於，一頓飯吃完了，老爸和小阿杰依約去神明廳，了解我們家的神明是壞的還是好的。

「阿孫，你看我們家的神明，看上去都慈眉善目的，你覺得是好神還是壞神啊？」

「看起來都還不錯！」

老爸狐疑地問：「阿孫，什麼叫還不錯？」

小阿杰就說：「如果不會跟我搶爸比、媽咪、和食物就是好的。」

「那還真是不錯~。」

「雖然祂沒跟我搶爸比、媽咪，但是食物，食物，公公我拿不到。」

老爸就笑笑說：「拿不到就不好對吧！等你長大就可以拿到了，所以要請神明庇佑你快快長大好不好？」

「公公，幫我拿一個就好。」小阿杰拜託老爸。

老爸卻再問了他一次：「所以神明是好的對吧？」

「嗯~給我啦。」

老爸這才說：「阿孫，就一個，你不可以跟媽咪說喔。」

小阿杰拿到糖果後，很高興地回答說：「嗯~。」就往客廳跑去了。

其實，小阿杰說的沒有錯：「學做仙，拋家棄子是壞神。」但是神明何時曾告訴我們，必須要拋家棄子才能怎樣、怎樣？這不都是人們自己揣測，或煽動，或貪婪所導致的，結果最後落得什麼都沒有，何必呢？

常言道，「神愛世人」，不論是哪個宗教派系，都是如此地認為。既然你要學當神佛，就要懂得愛世人，可是你卻不愛你最親近的家人，然後要去愛陌生人或是根本不知道是鬼、是神、還是人的東西？難道不覺得違背「神明悲天憫人」的理念嗎？

後來我發現，很多人會去相信求神、求道必須要拋家棄子，還不是因為他們大多數都已經求助無門，或是想要達到根本不可能存在的東西，然後突然有人伸手拉你一把，你就昏頭了。如果碰到好人當然沒問題，可是大多數我們聽到的故事都不是這樣，不是嗎？所以關心與煽動很多時候也只有一線之隔。

過了幾年後，我發現黃師姑的女兒繼承母親的志業，雖無法通靈或濟世救人，但依然為世人努力，在廟裡幫助需要幫助的人，也算是一個圓滿的結果，相信這位師姑在天之靈看到也會很欣慰的。

時間後推到端午佳節附近，這次剛好有十天假期，而今天是休假的第三天，也是星期天，我沒有安排任何事情，就在家休息看電視。下午老媽午覺起床後，來到客廳坐著自言自語地說：「過幾天就端午節了，我們也很多年沒包粽子，不曉得這些小的準備好了沒有？」

老爸從房間走出來問：「妳在唸什麼啊？」

「沒什麼，就是想說端午節的東西不曉得水晴、阿梅會不會處理。」

老爸回答她：「妳想這麼多幹嘛，水晴一直以來都要回去她公婆那過節，妳忘了？至於梅梅，之前不就說時間到會去買現成的回來，也不用弄，真的是沒事找事煩，妳若太無聊，跟我去做醫院志工，我覺得很不錯。」

「阿梅，不是過幾天又要回去大陸上班了？對了，要不要請曉凡一起過來跟我們過節？」然後老媽又繼續自言自語碎碎念說：「我看她，好像也沒打算要處理過節的事情。」

「應該是有啦，前兩天不是還有問說我們要買哪些，妳就別瞎操心了，聽說是用網路訂購，會送過來。」

「網路也可以把煮好的東西送過來喔？」老媽問。

老爸就說：「反正她說沒問題，就不要想那麼多了，孩子都這麼大了，就放寬心。對了，妳現在應該也沒事對吧？跟我去一個地方。」

「去哪啊？」

「就隔壁李阿伯他們家，反正他老婆妳也熟，一起去泡茶聊天。小阿杰今天又不在，家就讓梅梅顧就好了。」

老媽便走到我的房間跟我說：「我跟妳老爸去李阿伯家，妳顧家。」

「喔，好吧。」

老媽跟我講完沒多久後，只聽到開門聲和關門聲，應該是倆老出門了。

大約下午四點半左右，倆老回來了，老媽走過來說：「樓下管理員那邊好像有妳的東西，還滿大箱，妳記得下去拿，要推車下去。」

應該是訂的東西到了，我急忙下去找管理員簽收後拿回家，開了門就說：「老媽，粽子和拜拜的東西送來了，趕快來幫忙。」

老媽和老爸從客廳沙發站起來，走過來看了一下，然後問：「就這些？」

我低著頭邊拆箱邊說：「我已經訂了不少，我們點一下看有沒有少。媽，這些趕快拿去冰。」

「啊，怎麼都是冰的，不是說煮好的？」老媽說。

「是煮好的，妳只要到時候用電鍋熱一下就好了。」

「我還以為是……。」

我就說：「妳以為是什麼，難道是那種熱騰騰的東西？唉呀，想也知道不可能，那種東西怎麼送？好了啦，就別唸了，先分一分、收一收，要吃要用再拿出來。」

終於收完了，老媽嘴裡還是嘟囔著不知道在唸什麼。

準備吃晚餐時，我跟爸媽說：「反正老姊他們都不在，我們就出去吃好了，大家都省麻煩，然後我把曉凡也一起找來，陪你們一起吃飯。妳不是要他陪妳過節，反正他爸媽也不在國內，如何？」

老媽就說：「是喔，那就這樣辦好了。」

最後，我們決定去附近一家川菜館吃飯。

吃飯過程中，老爸問了曉凡有關生活的事情。不論以前在台灣還是現在在國外工作，總覺得他一個大男人，長期都一個人生活，又沒有家人陪也是怪可憐的，所以老爸喜歡把他當作自己兒子或學生，有機會就希望可以找來聊聊天，剛好曉凡也很識趣，總是可以跟倆老聊得很開心。

老爸今天所談的話題正是他最喜歡的政治話題，我們平常在家都不會有人想要跟他聊這議題，因為一講就又要跟我們提說當年怎樣怎樣。說實話，我都聽了快三十年，所以只要老爸想談，我們一直以來就是躲到房間去，不然又要聽他講當年勇，真的很受不了。幸好今天有曉凡可以陪他，講他喜歡的議題，其實他也聽了很多遍，但就都不會嫌煩啊，所以有時候我會想，老爸說話有濃濃的大陸家鄉口音，老媽又是台灣國語，曉凡國中以後就在國外念書，他應該是聽不懂他們說的話才對，所以才能讓你暢所欲言，一遍又一遍，不然哪來的耐心每次都這樣聊天。

就這樣，今天晚餐倆老吃得開心、也聊得開心，算是很好的過節禮物。

回家的路上，在不遠處就看見姊夫的車了，我心想：竟然這麼早回來。

小阿杰從車子裡喊著說：「公公、阿嬤我們回來了。」

老爸、老媽聽到了寶貝孫子的叫聲快步走過去說：「你們回來了，好不好玩啊？要不要回家吃水果？」

小阿杰看著老姊，老姊跟他說：「好，等一下爸比，一起回去。」

於是我和曉凡先送老爸、老媽回去準備水果，然後我再送曉凡離開。約莫半小時過後我回來，老姊一家人也都來了。

「水果準備好了，趕快來吃喔！」

小阿杰一聽見便蹦蹦跳跳地跑來餐桌。老姊對他說：「你都沒洗手，先去洗手才能來吃。」

老媽緩頰說：「你最乖，聽媽咪的話先去廁所洗手。」

小阿杰只好繞過去後面的廁所洗手，洗完手才跑回來說：「我洗好了，我要吃！」

「坐好吃。」老姊說。

這時候老爸也走到餐桌邊，拉開椅子坐下問：「爺爺家好玩嗎？」

小阿杰嘴巴塞著水果點頭說：「嗯～。」

老爸繼續問：「你們這兩天都跟誰玩啊？」

「姑姑家的琪琪、明明，還有叔叔家的雯雯姊姊、光光哥哥和年年哥哥。」

「這麼多人啊，那你們都玩什麼？」

小阿杰竟回答：「就玩擲筊，公公這很好玩耶，我跟你說喔，它還會自己站喔。」

老媽聽見就說：「玩擲筊，夭壽喔，那個不能玩的啦，水晴啊，妳有沒有在教小孩啊？」

老姊回答她：「剛好婆婆家有大、有小筊，還滿多副的，然後大叔的小孩就拿了一副下來，也沒人有意見，我公婆也沒說話，就讓小孩拿去玩，應該是沒用的，就讓孩子當玩具。」

「親家怎麼都沒教，妳確定？是從哪裡拿的啊？」老媽繼續問。

小阿杰插話說：「我看年年哥哥是從桌子上拿下來的，公公，擲筊真的很好玩耶！」

老爸就說：「笨孫啊，那個筊是不能玩的，那是神明的東西，你們拿去玩，是對神明不敬，會被神明打屁股的。」

我倒不甚在意地說：「老爸，哪有那麼嚴重，就是個小東西，還騙小孩說神明打屁股，我看是你才被神明打屁股咧！」

老媽生氣地訓斥我說：「妳不懂，不要亂講話，我跟妳說，如果是放在神明桌和供品桌的筊都不能拿來玩，那些是用來問神的，拿來給小孩玩，以後就不準了。」

我反駁老媽：「妳太迷信了，不就是兩片木頭、三種答案，妳也信？我看啊，我們家就屬妳最迷信了，不然怎麼會連生病醫不好，都要去問神明、還說要喝符水的……。」

老媽很生氣地說：「妳不懂啦，叫你們學又不學，還說我迷信。妳也不想想上次這小子住院，還不是我去廟裡求符仔、收驚才好的。」

我就說：「妳怎麼不說是醫師換的藥有效，硬要扯這些有的沒的，如果都靠這些符仔病就會好，那何需要醫師？也不用開醫院，都改蓋廟好了，真是亂七八糟。」

此時，我突然想起，之前姊夫的朋友阿輝有請師姑處理，不知道功效如何？我正想著的時候，小阿杰發話說：「公公，神明的玩具怎麼那麼少？就兩個筊，這樣很可憐，能不能多買些玩具給祂，跟我們一樣啊？我至少也有好幾種玩具，這樣比較好玩。」

老姊聽到就回說：「哪只幾種，你的玩具——那個櫃子裡面都是你的玩具。還有筊，那不是神明的玩具，是神明的東西。」

老爸也告訴小阿杰：「阿孫啊，『筊』不是神明的玩具，是我們有事情要請教神明的時候，神明就會用筊來給同意和不同意的答案。」

「是喔，那要怎樣才算好？」小阿杰問。

於是老爸又接著說：「一個筊有兩個面，正面和反面，如果一正一反就是同意，兩個反面表示還要再講清楚點，兩個正面，表示神明不同意，就這三種。」

小阿杰聽完後說：「可是我們今天還有別種的，就是站著的，我、明明和其他人都有弄到。」

老爸問他：「是不是你們自己放的？」

小阿杰急忙回說：「沒有，它是自己靠著桌子站著。」

「哈哈，沒事，剛好碰到，一般都這三種。」老爸笑著。

接著老爸又問小阿杰說：「對了，你知道，你們的筊是從哪裡拿來的？」

「就是從拜拜的桌子拿下來的啊！」

老爸還是很納悶：「是神明坐的地方，還是放食物的地方？」

「不是啦，年年哥哥是從上面拿一個、下面拿一個的，然後再將上面的那個，拿給我說要放下面。」

老爸聽完對著天花板雙手合十說：「神明啊，小孩不懂祢別生氣。」

小阿杰又說：「不是神明，是祖先和粽子。爺爺說端午是拜祖先和粽子的，公公你搞錯了。」

老爸狐疑地問他：「你們今天有拜拜？」

「有啊，爺爺說回來就要拜，而且節日更要拜，像今天要拜吃粽子。」

老爸聽完後說：「咳，拜粽子？不對吧，端午如要祭拜也是拜屈原，什麼時候改拜粽子了，我怎麼沒有聽過有此一說？」

小阿杰便回答：「不是，是拜吃粽子。爺爺說，粽子是端午節在拜的，所以拜完就可以吃粽子。」

我們聽了，簡直哭笑不得。如果發明粽子的人知道粽子如此地重要、位階等同於神明一般的話，應該會感激涕零，不勝歡喜才是。

這時姊夫終於說話了：「爸，您別想那麼多，小孩子講不清楚，誤會、誤會。不是拜粽子，也不是天天拜，又不是開廟的，只是回去上個香而已，拜拜也只有過節當天才有拜。」

老爸就交代姊夫說：「你要跟親家說，筊不要給小孩玩，也不要讓他們隨便拿，不好的。」

姊夫只回答：「沒關係的啦、沒關係的啦。」

因為大家洗完澡後還早，就在客廳聊天，小阿杰跑來老爸身邊說：「公公，你說那不是神明的玩具，但是我看就兩個半月啊，很可愛，中間還有個洞，可以拿來投幣。還有，我覺得神明太笨了，把那個當玩具就不會很無聊了，而且我們還發現可以這樣子轉，你看。」小阿杰就示範將筊站立後，像陀螺一樣玩旋轉的遊戲。

老爸告訴他：「筊的形狀是有特殊用意的，所以才設計成這樣。而且神明是很聰明的，祂很了解我們，有時候我們講不清楚，祂就不會理我們，希望我們能再想清楚些然後再來問，不要自己都搞不清楚，然後又講得不知所云，這樣神明也幫不了我們。而且神明是很忙碌的，要管人世間大小事。」

「不對啊，爺爺說我們家的神明只管我們家的事情，因為我們都請祂吃東西，所以祂會幫我們顧好；沒有給神明東西吃的時候，或神明吃不飽，那神明會不高興，可能就不會幫我們了。」小阿杰說。

老爸回答：「不是這樣的，我們家有供奉神明，別人家也有供奉神明，因為我們認為神明對我們很好，所以才將祂請回來供奉，就像我們家拜菩薩，別人家也拜菩薩，但是菩薩就一個，祂需要經常巡視這些有供奉祂的家庭，看看這些人生活得怎麼樣，所以神明很忙的，因為會供奉祂的人有很多啊，每天的行程都排得滿滿地，所以神明沒有空、也不需要玩玩具。至於供品，公公之前不是有說，那是我們報答神明的，你忘記啦？」

小阿杰卻說：「那神明也沒有天天在我們家，我們幹嘛要天天拜，還給祂食物吃？像我天天都在，所以給我吃才對。」

老爸就笑著說：「菩薩今天不在我們家，但是菩薩會請別的神明來幫忙，照看我們家，所以這些食物是請那些幫菩薩照看我們的神明吃，這樣懂了嗎？」

小阿杰又問：「但是，我怎麼知道祂有沒有來？祂又不會說話，也沒有任何動作。」

「只要我們都很認真地過每一天，你有乖乖聽爸爸媽媽的話，神明隨時都在。」

「我沒有天天拜，但我有乖乖，可是我平常都沒看到神明，祂平常都在家和廟坐著，像我上課或不在家，祂就不在了，學校沒有神明，所以公公不對。」

「舉頭三尺有神明，神明隨時隨地都在我們身邊，就算我們沒看到，祂都有看見，只是家中和廟裡的神明是要提醒我們，祂對我們是有期待的，如果做不好要趕快修正，所以有神明的家庭才真是幸福。就像以前有個師父說，神明不願意去你家，是你要檢討，不要怪神明，而且神明會庇祐那些做好事的人喔，知道了吧！」

小阿杰似懂非懂地回答：「喔。」

這時老姊來叫他：「小阿杰，我們要睡覺了，去跟公公、阿嬤、阿姨說晚安，看看今天晚上神明會不會來找你啊！」

小阿杰說：「我又不怕神明，來就來。只是祂來幹嘛？找我玩嗎？」

老姊說：「打你屁股的，你把祂的東西當玩具，要懲罰你。」

小阿杰一聽便說：「不要、不要，我要跟你們一起睡，祂就不會打我了。」

老姊催促他：「你再不進去，換我要先處罰你了，快來，不然我要關門了，你自己去睡神明廳。」

小阿杰急忙說：「等一下，公公、阿嬤、阿姨晚安。」

因時間也不早了，我們也都進房間休息了。

到了星期六下午，午後雷陣雨讓炎熱的天氣頓時清涼了許多，也令人比較能夠坐得住，看看文章、聽聽音樂，享受一下人生。沒多久後，有腳步聲經過我的房門，然後繼續往前，只是這腳步聲聽起來不太正常，我就從房門伸出頭去看了一下，原來是小阿杰又偷偷摸摸地不曉得要幹什麼，我就躡手躡腳地跟過去——喔，原來是去神明廳拿零食。拿到零食後轉頭看到我，急忙將零食藏在口袋中，我就對他說：「你幹了什麼好事啊？讓阿姨檢查一下，手手伸出來。」結果沒有。我又說：「口袋的東西是什麼？拿出來，不然我要去告狀。」

小阿杰這才心不甘情不願地，把口袋中的糖果拿出來，然後說：「阿姨，我、我、我……。」

我就告訴他：「偷拿糖果是不對的，下次要吃可以跟公公或我說，知道了嗎？」小阿杰沒回答就點點頭，我摸摸他的頭後，帶他去客廳坐。

坐在椅子上，小阿杰拆著糖果包裝，正準備要吃的時候，我問：「你有沒有跟神明說謝謝啊？這是神明的供品。」

小阿杰回答：「我看不到祂，祂們都太高了，每次都要公公或阿嬤幫忙我才看得到。沒關係，祂們看不到就不用謝了，祂也不會知道是我拿的。」

「誰說的，神明一定知道是你拿的，你這樣是不對的，走我們去跟神明說謝謝。」

「老師有跟我們說，菩薩是住在南海，但我們住台北，阿姨，南海到台北有多遠？」小阿杰突然問。

我回答他：「好遠喔，怎麼了？」

「既然很遠，那就更看不到了。」

「沒有，我們家的菩薩，住在我們家，沒有住南海。」我說。

於是小阿杰又說：「那應該是老師說的不對，因為公公每天都唸南無觀世音菩薩，所以菩薩住其他地方才對……啊對了，住台灣海峽才對啦，保護我們。」

我對小阿杰解釋：「那兩個字不是指南方沒有菩薩，菩薩隨時都在，我不是跟你說過了，祂跟我們住。」

小阿杰卻堅持：「不對、不對，菩薩原本住南海，但南方沒有菩薩，所以住台灣海峽才對。」

「蛤，台灣海峽是台灣的西邊，東邊是太平洋，都跟南海、南方沒關係。」我說。

「我跟妳說，因為菩薩原本住南海，但是公公都唸ㄋㄚˊㄇㄛˊ觀世音菩薩，公公這兩個字台語唸得最標準了。而且我爺爺也說那是南無的台語發音，所以妳看大家都說南邊沒有菩薩，所以菩薩只能住其他地方，如果台灣海峽不喜歡，阿姨妳說的太平洋也可以，北邊也可以，就是南邊不行。」小阿杰認真地說。

「喔，菩薩住海上？」

「對啊，因為孫悟空的菩薩都在海上出現，所以有海才有菩薩，所以菩薩一定住海上的。然後祂有自己的雲，所以可以飄在海上。」

我實在不知道要怎麼接下去，只能回答說：「然後呢？其他神明要住哪？你跟阿姨說說，我以為祂們都住家裡和廟裡。」

小阿杰就說：「公公平常有唸說，南無好多佛祖、好多菩薩，所以祂們不住南，我覺得住北好了，然後媽祖也住海邊，祂就住在台灣海峽，跟觀世音菩薩住，還有媽咪平常拜的應該是住東邊海上，像太陽紅紅的。」

我就哭笑不得：「每個神明都住海上，請問誰住我們家？」

「阿姨妳好笨喔，我白天上課，祂們就住海上上班，晚上我回來就住家裡。」

突然小阿杰說：「啊、不對，觀世音菩薩都穿白的，祂應該跟北極熊是好朋友，因為都是白的，所以祂現在也不住台灣海峽了，改住北極。」

「喔，祂搬家到北極去了，不是說南海嗎？」我再次問他。

「原本住南海，但是南無好多菩薩，所以就搬到北極去了。」

然後我又繼續問：「那媽祖，和臉紅紅的呢？」

小阿杰就說：「媽祖住海上啊，就台灣海峽上嘛；臉紅紅的，就跟著太陽跑，太陽在東就在東，太陽在西就在西。」

我說：「臉紅紅的神明好辛苦喔，跟著太陽跑來跑去，都沒得休息。」

小阿杰對我說：「阿姨，不對，晚上太陽就沒有了，祂就休息了，太陽出來，祂才跟著跑。」

這時，老爸、老媽也起來了，我就跟老爸說：「你孫子對於神明住的地方有獨到的見解，你來聽聽。」

老爸就問小阿杰：「阿孫啊，神明住哪啊？」

我也對小阿杰說：「把你剛剛跟我說的，跟公公講一遍。」

小阿杰就說：「雖然老師說菩薩住南海，可是公公都說南無好多菩薩和佛祖，所以菩薩住北邊，因為祂都穿白色的，然後媽祖住海邊，臉紅紅的住太陽裡面。」

老爸聽完了，哈哈大笑。這時老姊和姊夫正好進來，他們聽到了大家的笑聲之後，就問說：「有什麼事這麼好笑？」

於是我又跟小阿杰說：「你跟爸比、媽咪說，神明住哪？」

小阿杰就再重複說了一遍，老姊和姊夫聽完也哈哈大笑。

我說：「你們家這小子，不知道是誰教的，真是有創意，如果神明知道了，一定會重重有賞。」

晚餐時候，姊夫就問他：「兒子啊，臉紅紅的神明怎麼這麼辛苦，要跟著太陽跑來跑去，這是為什麼？」

小阿杰回答：「就是讓太陽繼續曬得臉紅紅，這樣我們才會認識祂，如果沒曬了就會白回來，我們就不認識了，這樣我們就不知道祂是臉紅紅的神明了，但是祂晚上就休息了。」

「神明都住海上，那誰住家裡？」姊夫又問。

「我們啊，我們都住在家裡。」

「那神明廳不是神明的家？是誰的家？」

「也是神明的家，只是不太住，因為公公都對祂們唸南無，所以應該是唸了就不住了。」

這時老爸插話了：「阿孫啊，神明是住在我們每個人家裡，知道嗎？而且那不是南方沒菩薩的意思……。」小阿杰沒心思聽老爸說話，就溜下餐桌自顧自地去玩了。

隔天，我們全家到北海岸一遊，姊夫借了一部商務車，剛好可以讓我們全家人都坐進去。我們沿途欣賞美麗的風光與吹拂著涼爽的海風，真是心曠神怡，完全忘記都市的喧囂。沿路上走走停停，隨時下來欣賞美麗的風景。既然來到海邊，當然也不例外地下水走一走，只是我們有老人和小孩，為了安全就選擇淺一點地方。

小阿杰跟著姊夫和老姊去撿石頭和看螃蟹，我和倆老則坐在旁邊看他們玩。這時，小阿杰突然揮手，然後說：「阿姨，妳來看，有神明的雲，飄過來了。」

我看著萬里無雲的天空，哪來的雲？

「沒有雲啊，在哪？」

小阿杰指著拍打上岸的浪花說：「那就是神明的雲。」

我當場傻住，不知如何回答。

姊夫就對他說：「這不是雲，是海浪，要小心。」

小阿杰卻說：「不是，孫悟空的菩薩都是坐這種雲的。」

「不是的，神明的雲是在天上飛的，我們是看不到的。」姊夫解釋。

「我們老師跟我們說，媽祖是海神，管海的，所以住海上，那祂就是這種的囉。」小阿杰又說。

「不管哪個神明、在海上還天上，都不是我們可以輕易見到的。」

「不是、不是，公公之前有說，神明都管很多，而且很多菩薩和佛祖也都住海上，因為南無，所以住北邊。」小阿杰再次提了這話題。

我就說：「神明住很寬，也管很寬喔！」

「對啊，神明就是負責海海人生。」

我聽到後呆了一會兒，然後問：「負責海海人生？這是什麼東東啊？」

小阿杰就說：「因為神明都住海上，也踩著海上雲，然後又看著我們，就是負責海海人生，像我們現在，在這裡玩，神明才能海海我們的人生。」

我們聽完後快笑翻了。然後我說：「不錯，很有創意，海海人生新解，我喜歡，但是神明可不一定喜歡喔，因為太累了。就像你說那個臉紅紅的神明跟著太陽跑，那他就不是海海人生，是太陽人生囉？」

「阿姨，才不是，祂也是在海上跟著太陽跑，所以也海海人生。」

於是我就叫在場的兩位老師跟這小子解釋清楚，何謂海海人生，不是這樣有海就是。

老姊卻說：「小孩才幾歲，哪懂這個，童言童語，妳無聊咧。」

「小孩子有創意是很好，但觀念不正確還是要教，不然錯誤觀念是會貽害人生啊，妳還是要立即矯正。」我說。

我看到小阿杰便叫了他，然後他就跟著姊夫向我這邊走過來，說：「爸比說要去買東西給我們吃，我們要先去洗手手，不然不衛生。」

「哦，你好棒喔，來，那邊有水可以洗手手，讓阿嬤陪你去好嗎？」我說。

小阿杰點點頭，老媽就帶著小阿杰去洗手，準備回來吃東西。

過一會兒，姊夫帶著一大包的燒烤、炸物回來說：「來喔，海邊下午茶。」

大家各自領取食物後，坐在海邊台階上，看著夕陽吹著海風。

「臉紅紅的神明也要下班了，太陽也要下班了。對了爸比，太陽和臉紅紅的神明，誰年紀大啊？」小阿杰突然問。

姊夫頓了一下才說：「臉紅紅的神明我們叫作關公，或關老爺，知道嗎？太陽我們都叫太陽公公，它比我們年紀要大很多，也比關公年紀大很多，因為關公小時候，也叫它太陽公公，在沒有人類的時候就有太陽公公了，所以它很老很老。」

「臉紅紅的神明比太陽年輕，應該是會跑得比太陽快？」

「沒有喔，你看看你也跑不贏我，所以跟年紀沒關係。」姊夫告訴他。

「難怪臉紅紅的神明，都要追著太陽。」

「沒有啊，關公不追太陽，追太陽的叫夸父，不是關公。」

小阿杰就說：「不對、不對，臉紅紅就是太陽曬的，我被太陽曬也紅紅的，所以紅紅是追太陽，然後追不上而已。」

「關公臉紅紅不是太陽曬的，你搞錯了。」

「如果不是，那為什麼臉紅紅？」

姊夫開玩笑地回他：「害羞啊，因為太多人看了，不好意思。」

老姊便斥責他：「不會別亂教。」

姊夫卻反問：「那妳知道？」

「我怎麼會知道，我又不是念醫學院的，這要問醫師。」老姊說，然後告訴小阿杰：「小杰，關公臉紅紅的不是害羞也不是太陽曬的，是天生的，爸比說錯了。」

小阿杰沒搭理，又去袋子裡面找食物，拿出了一個甜不辣正準備繼續吃時，突然問：「公公你為什麼要唸南無很多菩薩，而且都不一樣的菩薩？」

老爸就笑著回答：「阿孫啊，公公是在唸經書，不是南無很多菩薩，那是ㄋㄚˊㄇㄛˊ，也不是台語，是對神明用的敬語，表示尊敬的意思。」

「我知道那是南無的台語，因為我有聽過爺爺唸，他說是台語發音，我就跟爺爺說，我們家公公也是講這兩個台語和叫我最標準了，其他我都沒聽過。」小阿杰說道。

老爸告訴他：「這不是台語，是神明的語言。」

「所以神明是講台語的，那這樣我、阿姨、媽咪和公公都不能跟神明溝通了。」

我問他：「為什麼我們都不行？」

小阿杰回我：「我們都不會講台語啊，神明就聽不懂了。」

這時老爸就說：「阿孫啊，你好好學，幫我們跟神明溝通好不好？」

小阿杰卻搖頭：「不行、不行，我不要跟神明負責海海人生，如果跟到臉紅紅就要跑來跑去，我不要。」

「怎麼又來海海人生了？」接著我跟老爸說：「你孫子不要管你的海海人生囉，怎麼辦？」

「妳怎麼也來亂，跟孩子一樣。」老爸說。

我就回老爸：「我們永遠都是你的孩子，他是孫子，至於神明要不要管我們海海的人生，我也不在意，反正生活嘛，就是要輕鬆自在點。」

「都幾歲了，還不正經。」

「我每天都很正經過日子，就現在可以不正經放鬆一下，小阿杰～來阿姨這裡。」

小阿杰跑了過來：「阿姨～。」然後坐在我旁邊。

老爸問他：「神明為什麼要住海上啊？」

「因為公公說，神明管很寬，海就很寬，所以就要住海上，才能管。」小阿杰回答。

老爸對他說：「公公的意思不是神明住海上才管得寬，意思是說，神明對我們每個人都很了解，知道了嗎？就像今天我們出來神明也是知道的。」

「可是，神明要踩著雲，海上隨時都有雲，離開了就沒有了，妳看又來了。」

我說：「那不是雲，是浪花。雲是在天上飄的，我們碰不到的，浪花，我們可以碰得到。」

小阿杰又說：「可是孫悟空的菩薩都是從海上過來的，不然那個媽祖也是在海上工作啊。」

「那是孫悟空的菩薩，不是我們的菩薩，是不一樣的。」我告訴他。

老爸卻說：「哪有不一樣，都一樣。」

我反問：「如果都一樣，你要怎麼解釋神明不是在海上的？」

「水晴，妳知道怎麼解釋嗎？」老爸問老姊。

「我哪知啊，頂多就是地球有很多水，我們住在地球上，神明隨時隨地都在，不論是海邊、海上還是哪裡，都有神明，大概就這樣吧。」老姊回答。

我看了一下小阿杰，看樣子他沒理會我們這些大人的解釋，自顧自地吃著食物。

我終於忍不住問他：「小阿杰，你為何說每個神明都住不同邊？為什麼觀世音菩薩跟北極熊是好朋友？」

小阿杰就說：「因為南方沒有菩薩，而觀世音菩薩都穿白白的，北極熊也是白的，所以白白都是好朋友，好朋友就要在一起。」

我又問：「南方沒有菩薩有什麼？」

小阿杰沒回答，然後叫了姊夫：「爸比，南方沒有菩薩有什麼？」

姊夫說：「這還不簡單，武俠小說告訴我們有神尼啊，南海神尼。」

小阿杰接著告訴我們：「爸比說有神尼。」

「姊夫你在說冷笑話，還是腦筋急轉彎啊？太搞笑了吧。」我說。

「妳怎麼知道南海沒有神尼？」

我想想，也對，南海區域有很多小沙丘或無人島嶼，怎知上面有什麼？說不定還真的有。

老姊卻聽不下去：「你們倆怎麼都不正經，教壞小孩。」

老爸則說：「ㄋㄚˊㄇㄛˊ（南無）跟南方沒關係，也跟南海沒關係。」

「我知道跟什麼有關係。」小阿杰忽然說。

我們家真的有個小神童耶，這種佛經的東西不用教都知道跟什麼有關係，於是我問他：「是什麼？」

「跟公公有關係。」

「是什麼關係？」

小阿杰回答：「我也不知道的關係……啊、對了，公公唸出來的……。」

「這是什麼？有人知道嗎？」我感到疑惑。

結果大家哈哈大笑一陣也就過了。

看了手錶，時間也差不多該上車，準備往回家的方向前進，結果小阿杰一上車就呼呼大睡起來，不知道是夢到海海、還是太陽，感覺應該很愉快。

一個半小時後終於快到家了，老姊把小子叫醒說：「起來囉，要到家了。」

小阿杰被叫醒後，睡眼惺忪，沒完全清醒，最後由姊夫背回家睡覺，我們也回去休息了。

第六章　惡夢裡的白白

中秋前的星期六晚上，姊夫手機響了，接起電話後講了沒幾分鐘就掛掉，於是老姊問說：「誰打來的？」

「是阿輝啦。」

「他又想要幹嘛？」

姊夫只回答：「沒事，我推掉了。」

我就問姊夫：「是不是那個房子有問題的朋友啊？」

姊夫回我：「是啦，妳不提還好，說到這個就有氣，去年本來想請妳師父——黃師姑幫忙處理，師姑就先去看了，然後也答應要處理，都跟阿輝說好了，結果阿輝他們臨時跟人家取消，去找別的師父，也沒跟我說……。」

老姊就說：「這又不干你的事！還找你幹嘛？」

姊夫接著說道：「但是妳知道嗎？他們取消的原因，就只因為對方說不用錢，只要能讓電視台拍就可以，幫忙做個見證。結果前幾天又打電話來，說要找阿梅的師父來，我跟他說那位師姑已經過世了，好像也沒接班人。我問了他要幹嘛之後才知道，原來是貪小便宜，結果問題好像都沒處理好，現在又有問題，然後說要搬家，請我們幫忙找房子。」

我跟姊夫說：「只能說他們與師姑沒有緣份，不然還能怎麼樣？倒是你說的那位老師，如果有上電視應該都很厲害的吧？而且許多人經過電視上的老師去家裡瞧一瞧、重新擺設，就可以趨吉避凶財源滾滾，怎麼會沒處理好？不懂。」

「我覺得應該是被騙了啦。」姊夫回我。

「怎麼有人這麼缺德，連這種也要騙，難道不怕有損陰德、害人害己嗎？所幸沒有損失錢財，不然是沒做好，又損失錢財，真是兩邊落空。對了，你們說的到底是哪位老師啊，我很好奇。還有，不要提黃師姑就說是我師父，這很奇怪耶，我又不是她的接班人。以後有人問你黃師姑，你們就說老廟婆好了，不然人家還以為我也會卻不幫忙，這可就天大的誤會了。」

姊夫聽完後說：「我有問，他不敢說，應該是假的啦，算了。」

這時老姊又問：「所以他們現在要怎樣？搬家還是找師父？」

「看樣子應該是要先找師父處理，然後再決定要不要搬家。」

我突然想到：「對了，你們自從上次之後還有去過他們家嗎？都沒事吧？」

老姊說：「我和我們家小子是沒去，自從上次被嚇到，不敢去了，妳姊夫我就不知道了。」

姊夫則說：「是有去過幾次，想說都處理好應該沒問題的。對了，妳現在提起，我才想到，是不是應該找個時間去廟裡收驚或祭改一下，不然被會被帶衰的，那就明天去處理好了。」

老姊聽完後回他：「拜託，要帶衰早就帶了，都去多久了，現在才想到怎來得及？你是看到黑影就開槍，阿梅沒問，你也沒想到，現在提了才想到，你不覺得想太多了？」

姊夫靦腆地說：「好像是喔，可是還是會感覺怪怪的。」

「我看是你心理有問題吧，之前沒跟你說，不是也好好的？你太穿鑿附會了。」接著老姊轉頭對小阿杰說：「小阿杰，我們要準備進房間睡覺了，去跟公公、阿嬤說晚安。」

看看時間也差不多，小阿杰與爸媽道晚安後，就進房間睡覺，我們也將客廳的燈熄了，各自回房去。

我進了臥房後腦袋還在思考關於阿輝的問題，有點想不通就開始自言自語：「如果沒處理好，怎麼會等到現在才來找師父？要不早就要找了，會不會是之前有處理，然後好點了，時間一久忘記之前發生的事情和師父的叮嚀，自己覺得反正都沒事就好，故態復萌，說不定又招了什麼不應該的？對，應該是這樣才對，而不是阿輝說的那樣，所以他應該沒有說實話才是，不曉得幹了什麼缺德事情。早就提醒過姊夫少跟這種人往來，很可能今天處理好，過沒多久又出現了，害人害己啊。」

隔天是中秋節，曉凡也一起來我們家過節。一大早，老爸老媽就開始準備拜拜的事情，反正我該買、該準備的都準備好了，其他的就幫不太上什麼忙，所以也就沒搭理拜拜事宜。

終於拜完了，中午就由我和曉凡掌廚。過了一會大家就可以準備吃飯，於是我就喊著：「可以準備吃午飯了！」

從不遠處傳來跑步聲，我想應該是那小阿杰，還沒看到人我就說：「今天中午吃蓮藕餅，配好喝的海鮮羹湯，記得去洗手喔。」我抬頭後看到的卻是姊夫：「怎麼是你？你家小子呢？」

姊夫說：「去洗手啊。對了，妳可不可以幫我個忙，幫我問一下岳父現在那個廟公是誰啊？」

「你自己去問老爸就好啊，幹嘛透過我問？你也很奇怪，怎麼不找老姊去問？」

姊夫就說：「不敢找妳老姊，也不好意思問岳父。」

我打趣他：「嘿嘿，你是幹了什麼壞事？」

「我沒有啦，是阿輝啦！」

「阿輝？你不是說推掉了嗎？」我不解。

姊夫嘆了口氣說：「我是推了，但是他去找其他師父，結果有師父跟他說，他是有人跟著的，不能處理，如果要處理，必須去之前答應要幫他們處理的媽祖廟找師父，他還說今天還去別的地方問，也是這答案，然後想說認識的媽祖廟，就上次我們介紹那家，所以他想找這廟公幫忙介紹或處理。」

我問姊夫：「你不是跟他說之前老廟婆過世了嗎？」

「對啊，但是他說，那個師父說就是媽祖廟的廟公就對了，所以他認為新舊沒差吧，反正師父徒弟都一樣……對了，妳算是半個徒弟對吧？」

我就回他：「你自己去問，就跟老爸說有人想請媽祖廟的廟公幫忙，請爸幫個忙，其他的沒問就不要多說。還有別在餐桌問，不然等一下大家又難吃飯了。另外，不要說我是她徒弟，會誤會的。」我手往後面曉凡的位置比了一下。姊夫也點點頭好像了解了，就沒再提。

這時我才發現，小阿杰早已經站在旁邊聽我們說話。

大家都到齊後便開動了，不一會兒，小阿杰突然說：「公公、廟公、爸比要找媽祖廟的廟公。」

一段話沒頭沒尾的，也不是小阿杰平常說話的方式，是怎樣了啊？我看了一下姊夫，他也一副沒頭沒腦的樣子。於是老爸問小阿杰說：「阿孫，你說什麼，公公聽不明白。」

小阿杰又說了一次：「公公、公公，爸比跟阿姨說，問公公找媽祖廟的廟公。」

我終於聽懂了，原來小阿杰是真的有聽到我和姊夫的對話，我就說：「是啊，你爸比要請公公介紹媽祖廟的廟公認識。」

老爸轉問姊夫：「樹喆，你要找廟公，有事情嗎？」

姊夫回答：「我有個朋友說，我們這間媽祖廟很靈，所以想找個機會，請廟裡面的師父幫忙，不知爸您是否方便介紹一下。」

「你是說，廖先生那間喔？」

姊夫就笑說：「是啊、是啊，方便嗎？」

「那個新廟公我也不熟，是可以請隔壁李阿伯引薦，但是我不知道他何時有空會去廟裡，你急嗎？」老爸問。

「是還滿急的，可以請爸等一下幫我問一下，何時去方便嗎？」

老姊看著姊夫，說：「你想要幹嘛？別再搞那些莫名其妙的事情，上次教訓還不夠嗎？」

姊夫就回她：「妳幹嘛那麼緊張，就只是幫忙問而已，也沒有要幹嘛。」

「你確定喔，到時候可別又被耍了。」

「不會的啦，妳放一百二十個心。」說完，姊夫又問老爸：「爸，你等一下可以嗎？」

老爸回他：「吃完飯我就問一下李阿伯的意思。」

這時，曉凡突然問：「不曉得是家裡有什麼事情嗎？還是怎麼了？為何要找廟公？」

姊夫告訴他：「不是我們家，是我朋友託我問的，我們家沒事，你放心。倒是之前教阿梅的那位師姑，應該是很厲害的，只可惜阿梅沒有學會她的本領，不然就可以自己處理。」

曉凡卻回姊夫說：「阿梅不是做仙姑的料，還是學習當好媽媽、好太太比較重要，那些就留給其他有緣人了。」

我也跟著附和：「你們看，人家也說我不夠格，你們就別想太多了。」

大概三十分鐘後，老爸拿了張紙條遞給姊夫，說：「那個是廟公會來的時間，你拿著，黃師姑走了之後，廟裡面就沒有固定廟公，只能找個臨時的，幫人家消災解厄了。」接著又問：「對了，是你哪個朋友要的啊？」

「他姓陳。」

老爸聽完後又說：「喔~讓他找個時間過去吧，記得跟廟公說是李阿伯介紹的，做個人情給人家知道嗎？」

姊夫答說：「好的，謝謝爸。」

然後老爸就去睡午覺了。

下午兩點左右，老爸起床了坐在客廳。小阿杰也睡醒了，他跑去找老爸撒嬌要抱抱。至於我，則跟曉凡正在商量要出去的事情。姊夫大約講了十分鐘電話後掛斷，然後進房跟老姊說要出去一趟，晚上就不回來吃了，講完，跟老爸老媽打聲招呼就出門了。我們幾個在家裡待著，繼續做自己的事情。

小阿杰忽然跟老爸說：「我知道爸比要去哪裡喔！」

「你這麼厲害，爸比沒講你都知道，來，跟公公說。」

小阿杰就回答：「爸比是要去找那個輝叔叔。」

老爸問他：「是哪個輝叔叔？」

「就是那個家裡有白白的，那個輝叔叔。」

老爸半信半疑，問小阿杰說：「你還敢去輝叔叔家嗎？」

「不要，會怕怕！」

老爸也回他說：「對啊，我也怕怕，你爸比也會怕怕的，不會去啦。」

這時，曉凡好奇地問了小阿杰：「小阿杰，你說家裡有白白是什麼？為什麼你會怕，跟叔叔說。」

小阿杰就說：「那個是壞東西，會讓我生病的，然後，然後……。」

「然後怎麼了？」

小阿杰說：「就～怕怕，媽咪說不好。」然後轉頭跟老爸說：「公公，我有聽到爸比說是去廟，不是家。」

老爸又問：「爸比去廟是好事，怎麼不敢跟我們說？」然後看了一下老姊。

老姊才說：「聽說師父今天有空，約一約就過去。」

老爸又問小阿杰：「除了這個還有別的嗎？」

「公公你猜，嘻，不告訴你～。」

老爸哄他：「你～欺負公公喔，這樣公公不跟你好了。」

小阿杰這才說：「哈哈哈，公公你被騙了，沒有了，我也不知道。」

「我還是過去看一下好了，來，你下去找媽咪或阿姨。」說完沒多久，老爸就出門了。

曉凡對於小阿杰的回答感到一頭霧水，問我是怎麼一回事，我告訴他：「還不是那個人的家裡聽說有『魔神仔』不乾淨，要請師父處理，只是師父不好找，聽說有規定只有特定的人才能處理。」

曉凡聽完後說：「是喔，那真的要很小心。我之前有看過一篇報導說，如果處理不好會反噬事主和處理的師父，而且還聽說有人就因此全家輪流鬧自殺，所以還是要找對的人去處理。」

我跟曉凡說明了整件事情的來龍去脈，並告訴他我的想法：「應該是阿輝自己有問題的，不然怎麼會拖這麼久才發現，你難道不覺得很奇怪嗎？」

曉凡說：「聽妳這麼說好像是有點道理的，一般處理完有沒有感覺應該幾天就知道，好像都是這樣才對。」

我也說：「人好心好住哪都好。」

原本我和曉凡預計晚上要出去吃飯，結果一晃又三點多了，因此就選擇到附近逛逛，順便買些現成的餐食帶回來，晚上一起吃。

接近晚餐時間時，老爸也回來了。吃飯的時候，老爸看著我和老姊說：「還好我有去，不然可能又找不到人。今天的師父剛好我也都不認識，李阿伯跟主委在裡面泡茶，我去裡面叫人才找到師父的。」

老姊說：「有處理好就好。對了，對方是誰啊？」

「聽說是之前有來過的人，是榭喆的朋友，想來找老師父的徒弟幫忙。」

「只是，看那個廟公的樣子，沒有打算要處理，還是怎樣，我也不清楚，反正喔，榭喆很清楚。對了，水晴想知道的話，就問一下榭喆，看結果如何，我也要回李阿伯一聲。」

「嗯～知道了。」

晚上八點左右，姊夫也回來了。老姊問了一下狀況，姊夫就說：「他們今天問了沒有聖筊，所以師父沒法幫忙處理，請他們過幾天，換其他廟公值班的時候再來。」

老爸聽到了就說：「不是說就是這間媽祖廟嗎？怎麼可能擲沒有聖筊？有沒有搞錯，還是那個人有什麼問題啊？」

姊夫也不很了解，突然間卻好像靈光乍現般，趕快跑進臥房打電話。幾分鐘後講完出來，就問老爸說：「爸，我想請教一下，如果有人本來答應神明了，然後事後反悔，現在又跑來請神明幫忙會怎麼樣？」

我直接回他說：「用膝蓋想也知道，當然不會答應。不用問神明，如果是你，你會答應嗎？」

姊夫又說：「我是說真的，有沒有化解方法？」

老姊回他：「實在是聽不下去，這種沒信用的人神明為何要幫他啊？我看，叫他自己去神明前面跪著、懺悔看看有沒有效比較快，你就不要去理他了，哪天被他給賣了。」

老爸也說：「哪有這種人，連神明都騙，不怕報應喔？我看水晴說的沒錯，去跟神明懺悔看有沒有用，我想可能也不大有用。」

「或者去找師父問一下看有沒有方法。」

我聽完就對曉凡說：「誰膽子這麼大，連神明都騙，這樣不出事才有鬼。曉凡你看，我下午跟你說的，馬上就應驗了吧。」

曉凡也說：「還真的被妳料中了。這種人喔，要自己想明白才有用，不然連神也幫不了。對了，那個老師姑真的沒有徒弟喔？」

「聽說本來是要收我的，但是我就沒有要當仙姑啊，好像就真的沒有收其他徒弟了。」

「那就真的很可惜了。」曉凡說。

「哪會啊，我不要，還是有很多人想要，只是當不成她的徒弟，但可以當別人的徒弟，一樣可以學，而且我還想要嫁人，才不要去過那種生活。」

曉凡就笑了：「也對、也對，不然我們現在也不會坐在這裡喔。」

我摸摸曉凡的臉說：「你終於可以放心了吧！」

再下一個星期六的上午，我和曉凡剛好要去廟裡拜拜，想說過幾天就要回去工作了，而且也很久沒來了，順便求個平安順利。

到廟裡後，剛好碰到李阿伯，跟李阿伯閒聊了一下，才知道，原來李阿伯每個月也都會來這裡拜拜、做義工。

李阿伯問我：「阿梅，妳也跑到這裡來拜，妳有心喔！聽說妳去大陸工作了，很久都沒看到妳了，還順利吧？」

我跟李阿伯說：「還好、還好，還算平安順利，謝謝關心。對了阿伯，之前聽我父親說，老廟婆走了後，那間宮廟就沒有再找到可以長期合作的師父了？」

「對啊，這種人難找，不是會就好，還要媽祖答應才可以，只是都沒有找到媽祖同意、可以長期服務的人選，妳若有認識的也可介紹一下。」

我回李阿伯說：「抱歉，我沒有認識的，如果有也就只有我老爸、老媽，還有你們，說不一定你就可以啊！」

「妳別開玩笑了，我們不會，而且又太老了，不適合。」李阿伯講完後看了我一下說：「說不定妳合適，要不要來擲個筊試試看？」

「您才別開我玩笑，我根本不會……。」

李阿伯就笑笑說：「別緊張，欸~那好像是妳姊夫是不是？」

我回頭看了一下，還真的是姊夫與朋友一起來廟裡。我就走過去跟姊夫打招呼說：「你今天怎麼過來這邊？」姊夫回我說是陪朋友來的，我就又問姊夫說：「難道這對夫妻就是傳說中騙神明的……？」

姊夫尷尬地笑著：「好像是欸，我也不是很確定。」

「你可以請那間廟裡的師父幫忙。」我說。

姊夫就回我：「我們就是問了才來這邊，想要請這間廟的師父幫忙，只是好像沒看到師父喔？」

「我是不清楚啦，這間廟是不是有你們要找的師父，就我了解這裡好像沒有提供那種服務，不然你可以問櫃台，他們應該知道的，但是我們要先走了，我們還有事情。」

說完之後，我跟曉凡就去逛淡水，直到傍晚才回家。

當天晚上全家人一起吃晚餐的時候，小阿杰突然靠到我旁邊對我說：「阿姨、阿姨，爸比說妳可能比較合適。」

我聽不懂，就問小阿杰說：「請問是什麼事情，阿姨聽不懂？」

「去跟神明求情啊！」

我又問：「是誰要去跟神明求情？求什麼？」

「我有聽到公公和爸比在講說今天在廟裡碰到妳，然後，然後……。」

「然後什麼？」我問。

小阿杰只說：「然後～，不記得了，爸比～。」

我完全聽不懂，看了姊夫一下，看起來他沒打算跟我解釋，我就當作小孩胡說八道好了。

吃完飯後，大家坐在客廳裡，姊夫突然發話說：「爸，我問了，應該是得罪了神明，所以需要跟神明道歉，神明接受後才能處理。」

我聽到當下只覺得，應該是早上那對夫妻真的有做欺騙神明的事情，但是不能理解姊夫為何要幫這種不守信用的人，咳～。

老爸就說：「知道問題在哪，就好處理。」

姊夫接著說：「廟裡師父告訴他說，要去有奉祀天公的廟處理，如果天公有答應，後面就可以處理了，阿梅平常拜的媽祖廟好像就有，我們今天有特地去一趟。」

「那今天有處理好嗎？如果沒有，有空叫他們趕快去，拖久了不好。」接著老爸又問：「對了，你朋友他們到底是怎麼樣？」

姊夫回答：「就是房子不乾淨，聽說之前沒處理好，結果換房子那個就一直跟著，沒有用。」

我就跟姊夫說：「不是房子的問題，是人不好。你想想，這種人連神明都騙，說不定他之前幹了什麼好事，不然『魔神仔』為何要跟著他搬家，不去跟別人？一定是跟他有恩怨的，自己要先檢討，都不檢討一直怪別人、怪房子。房子哪有不好，是住的人心不好，你乾脆叫他換個心比較快啦！就算今天好了，我看哪天又來了，別忘了，人很健忘，而且教訓不是每個人都記得住，若都能知錯就改，那為何考試的時候不是每個人都一百分、國家為何還需要警察和法官？只要拜一拜就好啦！我建議你還是勸他心態要改，不然我相信以後，還是會有同樣的問題發生。」

姊夫沒有回答我，這個話題也就此結束。

隔天一早，我還沒起床就聽到客廳有聲音，想說可能是姊夫出去了。咳～他還是想要淌這趟渾水，講不聽。像那樣的人，神明怎麼會答應他的請求？連神明都敢騙，我看他們可能每天都要去跪一跪，看神明會不會看在他很勤勞、有誠意的份上，再給他們一次機會。只是齁～如果是我，我都很難相信他們是真的來懺悔，誰知哪天又變卦了。被騙一次就夠了，難不成神明還會被騙兩次？

晚上姊夫回來就跟我們說：「我今天去妳平時拜的那間廟，既有媽祖又有玉皇大帝，很特別。像我們平常去的那個天公廟，就沒有拜媽祖，不然就是媽祖廟卻也拜觀音的。這樣一次就能搞定了，後山還可以欣賞風景，不錯不錯。」

我聽了就大概知道，已經找到師父可以幫忙了，剩下就只能靠他們自己。只是別再騙了！不然今天解決了這個，明天又蹦出那個，永遠沒完沒了的。

星期一一早，我就搭飛機回去工作崗位。

過了兩個半月，我才又休假回來。當晚全家都在、一起吃飯，突然間小阿杰跟我說：「阿姨，我跟妳說，我這邊還有叔叔送的糖果，特地留給妳吃的，等一下吃完飯，陪我玩，我再給妳。」

我心想：齁，這小子什麼時候對我這麼好了，原來是要我陪你玩。

我就跟小阿杰說：「等一下吃完飯，我們去客廳玩，順便找阿嬤一起來好不好啊？」

小阿杰卻說：「不行，我要跟妳講祕密！」

「還要講秘密喔，一定是很重大的消息對吧！」

小阿杰看著我點頭如搗蒜，我便說：「那等一下吃完飯，就來我臥房好了。」我心裡卻是想：這小子是來看看我回國有沒有幫他準備禮物、來要禮物的吧？什麼給我糖果，想唬弄我，太小看我了。

吃完飯後，我先到客廳坐了一下，之後小阿杰才終於下了飯桌並跑來找我，拉著我叫：「阿姨~。」

我看了一下回他：「吃飽啦，走，去我臥房講祕密，就你跟我的秘密喔，不可以給別人聽到喔！」我們就手拉著手，往我的房間走過去，進了我的房間後，我門並沒有關，然後問他：「你想跟我說什麼祕密啊？」

「阿姨，我跟妳說，妳不可以跟別人說喔！」小阿杰又再次提醒。

「你說，是什麼事情？」

小阿杰就說：「我跟妳說，之前我有跟爸比一起去拜拜，看到了輝叔叔，他……。」我想說，很正常啊，誰都可以去廟裡拜拜，應該是小孩無聊啦。

小阿杰又繼續說：「有個白白的，向輝叔叔招手，還圍著……。」

小阿杰，你總不會又看到「魔神仔」了吧？還是你變成有陰陽眼？

我就問他：「那個白白長怎樣？是飄來飄去，是像雲，還是洋蔥圈，還是衣服？」

小阿杰回我說：「那白白的長得像雲，也有洋蔥圈，一直往上走。」

我聽懂了，原來不是「魔神仔」啦，害我也嚇一跳。

然後小阿杰又說：「那個白白的，就一直跟著輝叔叔，差一點我就看不到他了，我還以為他要被吃掉了，還是要做神仙。」

我想我大概知道那是什麼東西，其實廟裡不外乎就是燒香、燒金紙，所以他看到的應該是香煙，或燒金紙的煙，畢竟廟是庇祐我們的，而且我們拜的都是大廟，又不是小宮廟。若是煞到，都有收驚，所以不太可能會遇到那種東西才對，不然來廟裡還碰到「魔神仔」，那到底是保庇還是受驚嚇的啊。

於是我問小阿杰：「你說的秘密就是這個？」

「我跟妳說，那個白白後來，還往我和爸比這來，爸比還說沒關係。但是我不想變仙，也不想被吃掉，所以我拉著爸比喊走開，竟然就真的沒過來了，阿姨我也可以做神仙了耶。」

我就告訴他：「我跟你說，白白的是拜拜燒香的煙，我們家也有，就在神明廳，只是公公、阿嬤燒香比較少，所以不會有像雲和洋蔥圈的煙，這樣知道了嗎？被煙蓋住是廟裡的師父在幫忙人們進行消災去厄儀式，所以就算被白白的煙蓋住，也不會變神仙，而且那煙，風一吹就散了，所以也不會一直跟著你的啦，你放心！」

小阿杰卻回我：「不是的，爸比說，只要我不要將糖果吃完，然後分給別人，那白白就會不見。可是我當天就把糖果吃完了，我就跟爸比說，爸比就再拿別人的給我，然後跟我說，『這是要給阿姨的，不可以跟人家說知道嗎，否則就不靈了』，白白就會跟我回家。」然後小阿杰摸摸自己的褲子口袋，拿出幾個巧克力，跟我說：「阿姨，這個請妳吃，不可以跟人家說，否則就不靈了。」

這時我才恍然大悟，原來他是要執行姊夫跟他說的事情。我就跟小阿杰說：「好，謝謝，你現在還會怕嗎？」

小阿杰回答我說：「我給妳了，就不會跟著我，我也就不會怕了，我要出去玩了。」才講完話，這小子就一溜煙地跑走了，我慢慢從臥房走出來，去廚房洗碗，做完家事後，看到姊夫在客廳看電視，我才走過去跟姊夫說：「你騙你兒子喔！」

姊夫看了我一下說：「沒有啊，妳是說哪件事？」

「你不是跟你兒子說，要將糖果分給我，否則白白的會跟著他，不是嗎？」

「這件事喔，我只是不想讓他吃太多糖果，隨便編了個理由，如此而已。」姊夫說道。

我告訴姊夫：「你兒子有聽進去，把這當聖旨，還叫我不能跟別人說，是祕密。」

「小孩子嘛。」

我又說：「你兒子可是當真的，很害怕那種一堆煙的狀況，有可能是之前嚇到，到現在還有陰影，聽說那個時候你朋友——阿輝也在，又讓他回想起那時不愉快的情況，我看你有空還是要開導一下，不然就不要當阿輝在的時候，你又讓他看到一些奇怪的東西，小心半夜做惡夢，給你尿床。」

「對了，你又跟阿輝去幹嘛，怎麼會有一堆白煙？」我問。

姊夫回我：「應該是收驚，還是處理什麼事情，我也不是很清楚。」

「總不會是去廟裡做義工吧，學人家幫忙發香？」

「那廟又不是行天宮，妳才想太多了。」

這時老爸發話了：「應該是燒一百零八支香，處理事情。」

我好奇地問老爸：「拜拜要用到一百零八支香，這也太誇張，是拜啥？」

老爸說：「有很多時候，請神或處理不乾淨的東西，有特殊用途，我也沒遇到過。」

「喔，一百零八支香，我光是想要拿都覺得很重了，應該不是小事情。」我接著跟姊夫說：「反正喔，你家小子你們有空就多多開導開導就是了，不然都這麼大了，哪天真給你尿床，我看你頭才大了。」

姊夫只是嘻嘻笑說：「知道了，小姨子。」

老爸向小阿杰招招手說：「阿孫，你過來公公這裡。」然後說：「你怕白白的煙喔？不用怕，那個是煙，是神明在庇祐我們，沒事的，我們家也有，你要不要公公帶你去看？」

爺孫倆就手牽著手，走過去神明廳的位置，沒多久兩個又走回來，好像沒事了。小阿杰就說：「我們家是細細的，但是那是像雲一朵一朵的，不一樣，而且還會把人吞掉。」

老爸告訴他：「那是他們一次點很多香才會，別怕，我們剛已經去跟神明打招呼了，所以神明會保祐你的，不信我們再去一次……。」就這樣，爺孫倆個就一直待在神明廳，直到老姊喊說睡覺了，才出來。

隔天早上，我被小阿杰的敲門聲給吵醒：「好，你想幹嘛啊？」

小阿杰告訴我：「媽咪說，今天要妳陪我，所以我來找妳。」

我問他：「爸比呢？」

「跟媽咪一起出去了，阿姨，妳今天要陪我喔。」

這倆夫妻不知道是去幹嘛，把小孩留給我，有沒有搞錯啊？

我還是回答小阿杰說：「好，知道了，你先去客廳坐好，我換個衣服就出來陪你。」

我趕快換了衣服、刷牙洗臉後去客廳，這時才想到，我還沒吃早餐，於是喊著：「小阿杰你要乖乖在客廳，不可以亂跑，我先吃早餐。」

既然只留我和小阿杰，我就把曉凡也找來。十五分鐘後，我吃完早餐，趕緊將餐桌收一收就去客廳陪小孩，這時曉凡也到了，而小阿杰又在沙發上睡著了。只是小孩白天睡覺，不是正常的事情，我就把小阿杰叫醒，然後大家一起來玩拼圖遊戲。原則上要打發時間、又不會吵，這個最好了。

就在尋找拼圖的過程中，老爸老媽也加入一起來找。

到了中午十二點左右，老姊帶著我們所有人的午餐進來了。今天中午吃牛肉麵，一人一份。差不多快下午一點，我將餐桌、碗盤處理後，小阿杰、老爸、老媽則去睡午覺了。

趁這個時間，我和曉凡在客廳裡做一些自己的事情，突然傳來「蹦」的一聲，應該是有東西掉下來，接著就是小孩的哭聲。我和老姊急忙跑過去一看，原來是小阿杰不知道怎麼睡的，竟然滾下床，坐在地板上哭。

我覺得奇怪，以前就是睡客廳沙發，也不會掉下來……。

老姊趕快將他抱起來，檢查一下看有沒有哪裡受傷，幸好是屁股先著地，不然又要進醫院了。這時老爸、老媽也被吵醒了。

說實話，我想不通的是，床邊有圍欄杆還會掉下來？總不會是從沒擋住的腳邊、還是床邊，那個沒有圍欄杆的小小洞鑽出來？

老姊就問小阿杰說：「你睡得好好的，怎麼會滾下來？」

小阿杰回答：「剛剛有個人追我，我跑啊跑就掉下來了。」

原來是做夢啊，老姊就說：「沒事的，媽咪在這裡陪你，繼續睡。」

老姊哄一哄小阿杰後，沒過多久又睡著了，然後我們就走出房間。

我問老姊：「他是怎麼睡的啊，還會掉下來？」

「應該是剛好腳勾到旁邊那個洞，從洞裡溜出來的。」

「妳家小孩會軟骨功喔，不然怎麼溜出來？」

老姊就說：「就睡覺滾來滾去，剛好做夢，勾到滑下來，就這樣，我大叔的小孩也有過。」

後來我就與曉凡出去逛街看電影去了。

晚上我們在外面用餐後才各自回家，當我進家門的時，老爸、老媽也詢問起中午小孩從床上掉下來的事情，老姊就很平靜地回答，看起來應該是沒事，小阿杰也沒有因此受傷，或是有任何異常狀況。

這時老爸問他：「阿孫，你怎麼會從床上掉下來？」

小阿杰就回答說：「有個人追我啊，我跑啊跑，結果被抓住了，逃不掉，被打屁屁，好痛啊，就……。」

老爸追問說：「誰追你啊？」

「不知道，好像是個長頭髮的阿姨吧！」

老爸就看著我說：「妳是不是又跟小孩玩抓小雞的遊戲了？」

我趕緊回答：「我這幾天又沒有跟他玩這種遊戲，早上不是大家都在一起玩找拼圖的遊戲，你不會忘了吧？」

「是啊，但是會睡到掉下來，可能下次要注意一下，不然哪天又掉下來，如果撞到頭那還得了。」

老姊則對我說：「阿梅妳啊，以後別再跟他玩追跑的遊戲了，晚上都做惡夢了。」

我聽了之後生氣地說：「怎麼怪我？平常都這樣玩，妳也沒有意見，現在出事算我的？說不定是在學校被人家欺負，沒跟我們說，妳不是說之前妳大叔的小孩也有過？」

老姊不甘示弱地說：「反正以後妳少跟他玩這種遊戲就對了。」

這時，老媽趕緊跳出來緩頰：「你們兩個少說兩句，人沒事就好。」

我實在覺得很不舒服，就把小阿杰叫來說：「你誠實跟阿姨說，那個長頭髮的阿姨，很高嗎？是胖，還是瘦的？有沒有戴眼鏡？」

小阿杰說：「她胖胖的，跟阿姨不一樣，她沒有戴眼鏡，可以一隻手就把我抓起來，害我都逃不掉。」

哦～原來不是我，我就放心了，然後去跟老姊說：「妳沒去問清楚，妳兒子說的不是我啦！我覺得可能是妳大姑比較有機會，胖胖的又沒戴眼鏡，還可以一手舉起來，當然也有可能是在學校玩，或看了一些奇怪的卡通……，妳有空問一下他都看了哪些奇怪卡通，特別是我們不在的時候，老爸老媽是不會管的，都由著他……。」

幾天後吃晚飯時，聽老爸老媽說，這幾天小阿杰好像晚上又做惡夢了，搞得大人小孩都沒睡好，可能真的被嚇到了，應該要去廟裡收驚的。老姊聽了也無動於衷，也對，她本來就不太信這種東西，只覺得是迷信、求心安而已。所以等姊夫回來時，老爸就再次跟姊夫提，請他找個時間，帶小孩去收驚。

我想也好，那小子對於之前那個阿輝家的「魔神仔」好像還有殘餘陰影，這次又做惡夢，去收驚求個心安也好。

隔天姊夫和老姊還真的就帶了小孩去廟裡處理一下，求心安。

就在我要回去上班的前一天晚上，等夜深人靜後，老爸才隨口提說：「還是有效的啦，我阿孫已經沒做惡夢了，感謝感謝。」

我想收驚應該是有效，不管是大人還是小孩，就是求心安也好。

有一次，我因為工作回台參加個研討會，透過友人介紹認識一位朋友，人稱熊哥。後來大家坐下來聊一聊才知，熊哥原來是位洗腎病友，他年約五十五歲，看起來應該也是個企業主或是高階主管。

我們兩個聊了沒多久之後，熊哥就嘆氣且語重心長地跟我說：「妳知道嗎，洗腎是一件很痛苦的事情，一個禮拜三次，每次四小時躺在那什麼事情也不能做，就看著你前後左右都跟你樣的人，唯一的樂趣就是可以認識更多跟我一樣的病人，和看電視而已。妳知道嗎，因為這個病，我放棄了很多的夢想……。」

我就安慰他說：「不會啊，我以前有個同事也是洗腎病患，但是他就很開朗的，最後還獲得換腎的機會，如今人家也是很好的啊。你不要想太多了，這樣反而不利身體健康。」

這時熊哥又深深嘆了一口氣，說：「咳，妳應該比我小很多吧？妳是不能了解像我們這種洗腎已經快十年的人的心情，而且這還是有因果循環的……。」

我聽到這，很好奇，原來洗腎是有因果循環的？這從何說來？不就是因為沒將自己照顧好，所以腎臟就壞了，難道還有什麼特殊原由？

我問了熊哥，到底是怎麼一回事。

熊哥便娓娓道來：「我這幾天才發現，我們家族，在我這輩，現在還活著的有五個人，但是有四個人已經被判定要長期洗腎或等換腎才能活下來。原本前幾年，全家族中只有我一個需要洗腎，但這幾年陸陸續續下來，除了我和我老婆都在洗腎以外，現在連我表弟和堂弟也快無一倖免……。我前兩天去看的一位通靈師父告訴我，『是我們家族的冤親債主，積怨深重，因為太久沒處理，祂們挾怨報復』，如果繼續不處理，後果不堪設想……。」

我聽到這時，真的覺得有點太不可思議了。如果是這樣的話，那臺灣人應該是全球洗腎人口比例最高的，難道要說也是冤親債主最多的地方？這樣的話台灣根本不能住人了，還是台灣人都欠太多了？

晚上回家後，我就跟家人提說：「今天我第一次聽到有人說，洗腎是因為冤親債主的關係，我想那個人是病糊塗了，還是怎樣啊？」

老爸就說：「是啊，台灣有很多洗腎的病人，聽說洗腎是件很痛苦的事情，很多都是亂吃藥造成的，咳，這要怎麼說是好啊……。」

我繼續跟老爸說道：「如果生病都不怪自己，去怪別人，這病也不會好的，因為你不相信醫師，不是嗎？」

這時，小阿杰就問說：「爸比，阿姨說的冤親債主是可以吃的，還是可以玩的？買個給我啦！」

姊夫告訴他：「那個不是吃的，也不是玩的，而是『鬼』啊！」

小阿杰嚇得說：「我不要了、我不要了，你們跟祂說，不要來找我。」

老爸就安撫小阿杰說：「阿孫，別怕，祂們不會來找你的，祂們都只找跟祂們有關係的人，你又不認識祂，你有乖乖聽爸比媽咪的話、做乖小孩，那些就不會來，而且我們家有菩薩會保佑你，祂們是進不來的，別怕喔。」

然後我又繼續說：「我有個朋友，說是有個通靈的師父跟他說，他和他的家人會洗腎是因為卡到了，要他趕快去化解。我覺得是無稽之談，但是他好像認為真有其事，真不知道那些通靈的，到底講的是真的還是假的？這種東西我們又看不到，也聽不到，他說他通靈，就有人相信，還真好騙。我想天底下最好做的生意就是當神棍了，反正有誰能判斷真的還是假的。」

老姊聽了就說：「這種東西啊，信的人就信啊。」

老爸也接著說：「這些神棍喔，都是欺騙那些不懂事的老百姓，講一些似是而非的言論，聽久了你就信了。如果是講一些正面的、勸人向善的還可以，但是一般聽到的都是騙人的，真是要命啊。」

我就問老爸：「你看了那些佛經，書中有沒有教你，如何學會通靈還是怎樣？我看你也沒有啊？」

「妳看看，妳又亂說話了。」

這時小阿杰插話說：「公公你也當神仙喔，好棒啊，那我就可以跟公公借觔斗雲去玩，然後還可以幫我趕走那些白白的對不對？好棒喔！」

我就告訴小阿杰：「公公才沒有，如果他這樣就可以，那全世界有念經的人，全都當神仙囉，我們家每個人也都是神仙了，可是你會嗎？」

小阿杰摸摸頭說：「阿姨，我沒有雲，我不會。」

「阿孫，公公跟你說，要當神仙不是這麼簡單的事情。」

我搶著回答：「而且外面很多宮廟裡的師父都是找白白的，不是找神仙幫忙處理事情，只是我們沒法判斷而已。」

老爸也跟著說：「所以做人要誠實、善良、正直，這樣白白的就不會來找你，而且神明還會庇佑你。」

「呃，好可怕，我不要、我不要了，我以後不要去拜拜了，拜一拜就有可能會看到，不好。」

「阿梅妳不要嚇小孩子，這樣很好玩啊？小心到時候他半夜做惡夢，水晴又要找妳算帳了。」老爸唸我說。

「我哪有，我是跟他說，不是有拜拜就會通，就算通也不一定是看到神明，他誤會了。」

老爸安撫他：「阿孫啊，不怕，有去拜拜的人是不會看到的，神明會保佑的。」

我就跟老爸說：「你看你自己，也在誤導，那些號稱會通靈的人，不也都是去拜拜？隨便戳一下，你就破功了。」

「我還沒說完，妳急什麼？」老爸接著說：「阿孫，公公，看經書是打發時間，書中有很多道理和故事，可以讓我們理解一些神明的想法，學習一些做人處事的道理，跟通靈沒有關係，一般要學到通靈，都是那些得道高僧。給公公經書的師父是很有名的師父，但是他也沒說自己會通靈，他或許會吧！但不會因為拜拜和看經書就可以通靈了。至於通靈，就是會看到那些白白的，我不認為是神明，因為神明不會來嚇人的，那些你看到會怕的，自然就不會是神明，神明是愛大家的，既然是愛大家的，怎麼會讓我的孫子怕怕，這樣知道了嗎？」

小阿杰聽完後就問：「公公，你有看過神明喔？」

「公公沒有，可能還沒到吧，但是你阿姨好像有看過，你別忘了，她可是有去做『仙姑』。」

這時我趕緊澄清：「我不是去做『仙姑』好嗎，講過很多遍了，我也看沒看到過，頂多就一次……啊不對，那是做夢，誰當真了，當真的會被別人當成瘋子的。」

「阿姨你有夢到過喔，我也有喔，就是穿著漂亮衣服陪我玩。」

我就問他：「怎樣漂亮的衣服啊，是像神明廳上的神明穿的一樣嗎？」

「不是，不是，是像媽咪一樣，亮亮的很好看。」小阿杰說。

「你夢的是你媽咪，不是神明知道了嗎！」

小阿杰卻很失望地回答：「不是說好，會陪我玩，騙人。」

我說：「神明答應你要跟你玩？你是餓昏了，還是想睡覺啊？胡思亂想。」

「每次拜拜，我都有跟神明說我很乖，爸比也有跟神明說，我會乖乖的。然後爸比都會跟我說，只要我乖乖，神明就會保佑我，然後還會陪我玩，可是我有乖乖的，祂沒有，騙人、騙人。」小阿杰說。

我跟姊夫說：「你要拐小孩一起去拜拜，也不能這樣說。你看吧，他都當真了，你完蛋了啦，神明怎麼可能是你要祂怎樣就怎樣，你以為你是玉皇大帝還是佛祖啊？不對，說不定祂們也都叫不動其他神喔，不管啦，反正你看，你闖的禍，自己收拾。」

老爸也說：「榭喆，你怎麼這麼教小孩，亂來！」

姊夫卻很無辜地看著我們：「不是啦，是水晴，是水晴開始說的，我才接下去。」

老姊聽見卻不滿地回說：「你都幾歲的人了，難道不會自己判斷啊？還怪我。我跟小子說的是，要乖乖，或許有機會神明會來夢裡陪你玩。並不表示神明一定會陪你玩。你是聽到哪裡去了，亂教，你闖的禍，自己收拾去。」

這時老爸就出來緩頰：「阿孫，要能看到或是夢到神明的人，都是很有福氣的人，你現在還小，等到長大了，有做好事、好好念書，或許有一天，你真的可以看到或夢到喔，像公公，這輩子都沒有夢到或碰到過，可能是福氣不夠吧。」

「沒遇到是正常的，碰到了，說不定會被嚇死，這樣想就好。反正，你也沒有要當大師不是嗎？想這麼多幹嘛，還是你想當廟公啊？我想太晚了，你都幾歲的人了……。」我說。

「我是當不了大師的，像那些師父，都是至少修練了幾十年才成為大師，我才幾年，打發時間而已，不然還能幹嘛。」

我就跟小阿杰說：「公公念經書，是無聊打發時間的，所以不會通靈，我們都沒念，所以更不可能看得到神明的，你若想要見神明，每天去神明廳跟神明報告你回來了，就看到了，祂們每天都在那裡，這樣知道了嗎？而且神明很忙碌的，所以你要找祂陪你玩，可能要先去掛號排隊，要看祂有沒有空。我這輩子也沒有碰到祂來陪我玩，阿姨和你媽咪是從小就有跟著公公、阿嬤拜拜，你看我們也都沒有排到，知道了嗎？」

小阿杰很失望地回答：「喔～。」

然後我問老爸：「對了，老爸，那經書有沒有告訴你哪些人會通靈啊？不然為何一天到晚有人說自己通靈，到底是通到啥東西？而且那些還都號稱正派的宗教大師，怎麼不出來講清楚？不是說教化世人，到底這些大師教化了哪些人？該教化不教化，還讓他們出來害人，想不透。」

「妳不懂啦，叫妳念書妳又不願意好好念！」老爸回我。

我很不高興地回答：「我有念啊，只是不是念經，那個工作上用不到，我也沒有要成仙、成佛，反正還不是課本那一套，沒興趣！」

「其實我也有問過師父，師父回答得很有意思，原則上那些人都不敢來找這些正派的師父，會來找這些師父的都還算是正派的人，而且『佛度有緣人』，那些人並不是與我佛有緣，只是拿神佛當幌子，很多都不是通神佛的，因為神佛度人是靠你自己開竅，而那些打著神佛旗號的人，有的是真的看得到，有的是騙人的。」

「有講跟沒講一樣，還是沒法判斷，我只想知道，怎樣才是真的怎樣才是假的。」我說。

「不是說了嗎，等妳開竅了，妳就能判斷了。」

我又說：「你看，還是很多人被騙，新聞沒多久就報說誰誰誰，又被神棍騙多少錢還是怎樣怎樣的，就是沒有簡單的邏輯和辦法判斷；至於『開竅』這又太玄了，聽不懂，也不會用，難道那些大師都沒研究出方法？」

老爸回我：「開竅就是等機緣到了，妳跟佛有緣，佛就會幫妳開竅。」

「怎麼還是在打圈圈，反正我聽起來好像這些師父們也沒法判斷，對了，難道神都不管一管啊？」

老爸只說：「機緣、機緣。」

「你有空去跟那些廟裡的師父說，我們這些凡夫俗子，完全聽不懂那套邏輯和理論，要講求科學的方法，這是個科學時代，講那麼多形而上、虛無飄渺的東西，誰會啊，要等大家都懂，我看喔，可能等我們大家全部搬到外太空去住都還是不知道。」

「妳喔，還沒開竅。」老爸說。

「你開竅啦？那你教我要怎麼判斷？」我反問。

老爸笑著回答：「我也沒開竅，機緣沒到。」

「對啊，你還說我咧！」

這時候小阿杰說：「我知道，我知道！」

不會吧，我們都沒辦法，這小子竟然知道？我問小阿杰：「那你教教我們好不好啊，我的小阿杰大師！」

小阿杰就說：「那些電視上的都是騙人的。」

大家聽了哄堂大笑：「是啊，那些被抓的都是騙人的，很好。」

然後我又說：「其他的人，沒有被警察伯伯抓的？」

小阿杰卻回答：「妳去問警察伯伯就好啦！」

「回答真是妙啊，可是要有人去告訴警察伯伯那些是壞人，警察伯伯才能去抓人的，那沒人去告訴警察伯伯有壞人，要怎麼辦啊？」

「妳去問神明好了，我也不知道，我要去洗澡了。」

我就笑了：「老爸你看，小子竟然也來這套啊，哈哈哈。」

老爸也說：「咳，我也不知道，反正時候到了，應該就會懂了，大概就是這樣吧。我也要去洗澡了，不說了。」說完，老爸就進房裡拿換洗衣物去洗澡了。

洗完澡之後，回到客廳，小阿杰又問老爸說：「公公，洗腎是什麼？是不是像洗澡一樣？」

老爸笑著告訴他：「阿孫，洗腎跟洗澡不一樣，洗腎是那個人的腎臟生病了，要去醫院接受治療。」

小阿杰接著問：「那醫院怎麼洗？是不是像洗衣服一樣，放進去洗衣機洗洗就好？」

老爸大笑：「阿孫，人又不是衣服，怎麼可以放到洗衣機洗一洗？就像你生病一樣，要吃藥打針病才會好，只是他們要一輩子吃藥打針，很辛苦的。」

小阿杰就說：「是喔，我不喜歡吃藥打針，那他們很可憐耶！只是我生病會好，為什麼他們要一輩子？難道醫師叔叔不喜歡他們，所以就不會好？」

「才不是，醫者父母心，每個醫師都會希望病人趕快好起來，只是為什麼醫不好，公公不是醫師，我也不清楚，這要問醫師才知道，等你長大了去當醫師就知道了，所以以後要好好念書知道嗎？」老爸說。

我這時也到客廳坐，就對小阿杰說：「小阿杰，人生病的原因有很多，而且很多東西壞掉了，也沒辦法修理。就像你那個玩具一樣，被摔壞了，也沒法黏合和修理。只是東西壞了就扔了再買新的就好，可是人的器官壞了，沒法修理，也沒法說扔掉再買新的，因為老天爺很公平的，給每個人一樣多的器官，你若用壞了，沒法說要買就可以買得到的。可是人還是要活下來，總不能不管，所以醫師就想到了一個方法來治療，就叫做洗腎治療。讓機器替代身體壞掉的腎臟做事，好讓人可以繼續活著，等有人願意提供腎臟給病人使用。」

「那洗腎的人都要背機器囉。」小阿杰問。

我就說：「不是的，只要那些人定期回醫院處理就好，不需要背機器的。你有看過樓上婆婆背機器嗎？她也是要洗腎的。」

「對耶，樓上阿婆沒有機器，但有坐輪椅，原來洗腎的人都是這樣子的啊。」

「不是的，婆婆是年紀大了，沒法走路才坐輪椅的，不是洗腎的人都要坐輪椅。」

「樓上阿婆也沒公公年紀大，公公都沒坐輪椅。」

「樓上阿婆是身體不好才坐輪椅的，我們家公公身體很好，不需要的。」

小阿杰忽然說：「啊我知道了，樓上阿婆她一定沒有去找神明啦。你看我們家有拜拜有神明，公公、阿嬤身體就很好，對了阿姨妳去跟她說，去找神明就會好。」

我說：「身體好壞跟神明沒有關係，身體好壞是自己的事，自己沒把自己照顧好，神明也幫不了，所以我們要早睡早起知道嗎？現在該去睡覺了，不然身體會不好。」

小阿杰卻說：「我不累，還不想睡。」

這時老姊告訴他：「該睡覺了，要不然等一下我們都不理你，你一個人在客廳，公公阿嬤也要準備去睡覺了。」

小阿杰只好說：「蛤~喔，公公、阿嬤、阿姨晚安。」

「晚安。」

看看時間也差不多了，我們就熄燈各自回房。

我回房後，想了一下熊哥說的生病與冤親債主的事情，實在想不到有什麼關係可以將兩個連在一起，如果一定要扯，也只能說冤親債主與你生活習慣有關係，因為病從口入，除了這個，還有什麼？只是為何那位師父一講，他就認同，也很奇怪，想想也就知道，不太可能兩者劃上等號。

如今回想起來，我大概知道「佛度有緣人」的意思。畢竟人會去求神問卜，通常都已經是慌了手腳，想說有什麼都試一試，所以有人就利用人性的弱點，講一些沒法判斷或證實的理論。而這時就是不知道怎麼辦，所以想說就試試看，於是一步踏進人家已經為你安排好的陷阱之中。對方有計畫地一點一點收集你的情報之後，就開始會說一些債主啊、前世啊、神明啊，來卸下你的心防，讓你免費或很便宜地試用一次後，你發現好像有效，就開始相信對方所講的內容，你也就完全掉進去了。

原則上，我相信這世上真有高人，但是高人是不輕易現身的。就算高人就在你身邊，你是否有足夠的智慧可以去判斷他是高人還是騙子，或許這就是所謂的開竅吧。

第七章　再見林阿姊

時間過得很快，小子已經要正式進入小學念書了，我也在國外工作了一陣子。

自從我和曉凡因工作與家庭因素，而協議分手，算一算也有一段時間，這時老爸、老媽終於催我該結婚了。我想說，國外也沒有台灣好，除了錢多了一點而已，其他都沒有比較好，而且老爸、老媽年紀也大了，我之前又車禍受傷，還是有些後遺症的，在中國復健治療實在也不是那麼地方便，所以就趁外派合約快到期前，向公司正式提出調回台灣。可惜景氣不好，看樣子調不回來，所以與家人討論之後，還是決定辭職回台。

回台後很快就找到了喜歡的工作，而且離家又近，中午還可以回家吃飯，真的可以說是天上掉下來的禮物——「錢中等、事不多、人好相處、離家近」。這時剛好老姊也在念夜間部研究所，所以我想說，既然晚上沒什麼事情，我也來念個書，看看有沒有機會也可以考個研究所來念念。

大概準備了三個多月，報考了幾家國內外研究所，終於讓我考上還不錯的研究所。這時回想，嗯~這幾個月運氣還不錯喔~，或許有可能是之前人家說的「大難不死必有後福」吧！因為我還是很想念國外的學校，但是自己攢的錢並沒有那麼多，畢竟出國念書是我一直以來的夢想，所以我決定先念國內的研究所，之後發現國外也有不錯的學校願意接受台灣的學分，在申請過了之後，可以向學校申請抵學分，這樣就省多了，速度也會快一些。

我想想也對，畢竟出國念書需要好好準備，不是兩、三個月就可以達成的，所以就先念台灣的研究所，到時若還有機會再轉出去念。

開學後沒多久，學校教授告知，學校也鼓勵學生能夠出國去看看。雖說如此，可是出國真的是一筆為數不小的開銷，所以我就想說去考獎學金，只要用功些應該就可以完成夢想。

準備了半年左右，獎學金還真的被我考到了，我就跟老爸、老媽說：「我想去美國念書，我有考到獎學金，而且我也有申請到企業贊助，另外我也有積蓄，所以生活費和家用的錢都不會有問題的，最快一年就回來。」

其實老爸、老媽還是很支持我們子女上進的，覺得是個難得的好機會，要把握，最後終於答應了。我算了一下時間，最快也要等到下學期才能過去，還有好幾個月，可以先準備一下。

就在接獲這消息後的隔週某天，我中午回家吃飯時，突然發現老爸躺在地上不能動，老媽很緊張地說：「怎麼辦怎麼辦，妳老爸剛剛上廁所跌倒了，頭破了，我……妳回來了，趕快跟我一起把妳老爸送醫院。」

我看了一下連忙打電話叫救護車來處理，畢竟老爸還是很重的，我們母女兩個也搬不動，然後再打電話向公司請假。約三分鐘左右，我們該準備的東西準備好了，救護車也到了，兩位救護人員幫我們將老爸移到運送用的行軍床上，然後一路扛下去，再送到擔架上，我們也急忙跟著救護車一起去最近的醫院。

在路上，我一直跟老爸說話，讓他保持意識清醒，很怕這樣倒下去就起不來了。終於到了醫院，救護人員告知急診室我爸的情況後，醫院的醫師就先處理外傷，也做了內科檢查。半個小時後，檢查報告出來了，醫師告訴我們說，老爸是急性肺炎，可是怎麼都沒有前兆？肺炎不是應該要發燒、咳嗽或是不舒服？可是今早都沒有啊，怎麼就說得了肺炎？

醫師跟我說：「應該是前幾天就已經不舒服，然後沒留意也沒處理就變成現在這樣了，而且這種急症通常來得快，沒注意一下就感染上了。」

因此就先住院治療，晚上只要我沒課就過來照顧老爸。

假日，老姊一家人與老媽來醫院看老爸。小阿杰跟老爸說：「公公，你要快好起來，我有幫你跟神明說，要你病快好然後回家。」

「阿孫，真孝順，公公一定會儘快好起來。」

「公公，你在醫院會不會無聊啊？」小阿杰問。

老爸就說：「不會啊，有很多醫師叔叔和護士阿姨會來找公公的。我可是很忙碌地去做檢查，只是好像就是還沒好，說實在我還是習慣去我平常去的醫院，這間醫院我不熟，也不放心，畢竟不是最好的。」

「拜託，讓醫師聽到我們會很不好意思的，人家好歹也很盡心盡力，你對醫師這麼沒信心，病怎麼會好？醫病要一條心，你才會更快好起來，別胡思亂想的。」我說。

到了星期六早上，老爸突然喘起來，我趕緊找醫師處理。檢查之後，醫師跟我們說老爸現在肺積水嚴重，要先轉加護病房，須進行插管治療。我和姊姊感到很害怕，也跟老爸與老媽說明狀況，老爸當下不同意，還要求要換醫院。因醫師不同意，我們只好先在這間醫院接受治療但不插管。這時老媽卻碎碎念說：「會不會被煞到了啊？」

我聽到了就說：「老爸平常也就去醫院、公園，頂多還有廟這些地方，還會被煞到？太離譜了，就是生病，別講這些有的沒的，被醫師聽到會生氣說我們迷信。」

過了幾天，老爸終於可以回到普通病房。醫師說：「這次過了危險期，只要再注意這幾天，如果穩定應該就可以出院了。」

我就跟老媽說：「還是要對醫師有信心，不要老爸起個頭，妳就想到別的地方去了。」

又過了兩天，老爸還是不能出院，老爸又吵著要換醫院了，覺得是醫師和醫院的問題，讓他不能出院。最後老爸就堅持一定要換到熟悉的醫院，否則就不接受治療，我們實在拗不過，就去跟主治醫師商量，主治醫師最後還是尊重病人意願，只是希望我們能確定那間醫院的醫師和床位都有再轉過去，不然擔心會更嚴重。

當下我、姊姊、姊夫就趕快連絡醫院和認識的人幫忙處理，運氣還不錯，剛好有醫師同學，於是請他幫忙，確定有床位和醫師同意接手後，趕快辦理轉院和安排救護車。

主治醫師對我們說：「我們先跟接手醫院那邊聯繫一下並說明病情，請他們先準備再送過去。」

大概十五分鐘後，老爸的主治醫師就跟我們說：「醫院會安排救護車送你們過去，這樣比較好，大概半小時後出發，你們整理一下，順便辦個手續。」

我先趕到接手醫院的急診處理，等待老爸過來，半個小時後，老爸住院醫院的救護車也到了。這部救護車跟了兩個醫師，其中一位是老爸的住院醫師——沒想到主治醫師也押車過來。醫院得知病人來了，就趕緊交接處理，交接完後，我們很感謝兩位醫師一起過來，於是目送著這兩位醫師上救護車離去。

接應醫院安排老爸住在呼吸照顧病房，醫師告訴我們說，因為本科的普通病房都沒病床，但老人家肺炎住這裡比較好，明天有病床就轉上去。我們想說那也好，而且只要樓上有病床，過兩天後，老爸就能轉到正常病房。

好景不常，一週後的某天晚上我去醫院看老爸，醫師告訴我們說，現在要送加護病房，要我們心裡有底。我和老姊聽到時眼淚都快掉出來，根本不知道要怎麼跟老媽說，怕她受不了刺激也生病了。

老爸平時很重養生，有運動，吃得也很清淡，又不抽菸、喝酒，若說病痛也就只有高血壓的問題，這不是老家人都有嗎？而且意識也很清楚，怎麼這此一病就要不行了？

後來跟醫師商量，就由醫師跟老媽說，讓她知道狀況，並且醫師還要求說，如果老媽要過來，一定要有家人陪同，很多像老媽這種因為另一半平常都好好的，而且長期相互依靠，卻突然碰到有一方生病了出不了院，是很難接受事實的，會因而產生想不開的念頭。所以我們平時就讓老媽在家裡，我中午回家吃飯，晚上老姊一家人陪她，我晚上沒課再過去醫院照顧，其他時間就請看護就好了。假日再全家一起過去看老爸，這樣大家都安心。

結果就在普通病房和加護病房來來回回兩個多月，拖到過年都沒法出院。我看了狀況，也就先跟學校申請，暫緩出國念書的計畫，希望能等老爸好再去。

這天晚上，老媽突然問我：「妳爸倒底怎麼樣，怎麼都不會出院啊？」

我就回說：「醫師不是有跟妳說，老爸年紀大了，狀況比較多點，但是他們會盡力，叫妳不要想太多。」

元宵節後的某天，醫師告訴我們：「老先生的病，看樣子應該是穩定了，所有的指數也都降下，再觀察幾天，如果指數都穩定，就可以離開加護病房。」兩天後還真的就出了加護病房轉到普通病房。我們很高興地說，老爸終於可以準備回家了，這個好消息也就趕快帶回家裡告訴所有人。

一天後的半夜，我突然接到醫院的電話，醫院告訴我說，老爸的狀況不好準備要急救。我心想，上週不是好好的、剛剛我去看的時候也好好的嗎，怎麼突然不好？我趕快驅車前往了解一下。

到了醫院，醫師看到我便說：「我們剛才已經先替老先生進行急救了，有穩住，現在已經超過探視時間所以不可以讓您進去。我們現在要開始觀察到早上，若這半天都沒事的話，最危險的時期應該就過，您就先不要離開。」

我腦袋一片空白，呆坐在加護病房外面等到天亮，老姊這時打電話來問，我告訴她：「醫生有搶救回來，但要觀察……。」

大約六、七點左右，我看到有醫師、護士出來，就問醫師護士說：「還好嗎？」

醫師回答：「目前看起還好，但要再觀察一下。」

「我想回家一趟等一下再過來可以嗎？大概一個小時。」我又問。

醫師就說：「妳快去快回。」

我馬上回家，怕老媽一早沒看到人會緊張。

在我一進家門口時，我的手機響了，原是醫院打來告知，狀況不好又要急救，叫我們趕快過去。我趕緊跟老媽說：「媽，妳趕快，我們趕快過去，醫院打電話來了。」

我們急忙整理一下出門，在車上時，老媽突然問我：「妳誠實跟我說，妳爸到底怎麼了？」

我只好告訴老媽：「我跟妳說，妳要挺住喔，老爸快不行了，剛剛醫院說叫我們趕過去，可能是最後一面了。」

等我們趕到、進去加護病房時，醫師和護士看到我們就說：「老先生剛剛前一分鐘已經走了，因多重器官衰竭，引發急性敗血症。我們已經盡了最大的努力，很抱歉沒救回來，他還在床上你們去看一下。」

聽醫護人員的說明，我只好強忍著淚水，帶老媽一起過去老爸床邊，跟老爸說：「我帶老媽來看你，送你最後一程，你就安心走。」

後來醫護人員等葬儀社的人來，一起幫老爸換下醫院病服，接到太平間去。就這樣，老爸離我們而去了。唯一可以欣慰的是，老爸最後走的樣子還算安詳，也在他指定的醫院迎接生命終點。

老爸葬禮過程一切順利，老媽也沒太大的情緒起伏，看起來她早已經做好準備，隨時迎接這天的到來。我們依照老爸生前的心願，期待有朝一日可以到西方淨土，所以用佛教儀式送他離開人間。除此之外，老爸生前一直很希望死後能夠葬回大陸老家，落葉歸根。

這件事情剛開始老媽是怎樣都不同意的，我們姊妹倆勸說也沒用，最後小阿杰跟老媽說：「公公可以跟家人團聚是很快樂的，就像我喜歡跟我們家人在一起，所以阿嬤應該要高興。」

隔天早上，老媽終於同意了，就依照老爸遺願送回大陸老家安葬，但是希望我們在台灣的家人，有機會也可以去祭奠一下。葬儀社的師父就告訴我們說：「有心當然就都可以，無須在乎形式。你也可以在對年時請回祖先牌位內就好，不然現階段就到廟裡，請菩薩代為轉達也可以。」所以我們商量，這一年就暫時不動神明廳了。

葬禮結束後，我們姊妹倆就開始討論老媽也要找人照顧了，畢竟以前都是他們兩個互相照顧，如今老媽也老了，自從老爸走了後，雖然我們都還是跟老媽住，但是老媽的精神狀況已經大不如前，而且有時還會對著老爸相片自言自語，實在叫人擔心。所以我們決定，先找個臨時看護來照料，期待有人陪狀況會好些。

為了不想讓老媽傷心，家裡從此也就沒有在燒香拜拜了，改用供品和雙手膜拜方式供奉神明，其他祭祀一切從簡。然後拜拜、神明等話題，也就沒人敢再提了，至於想要祭祖或拜拜，自己去廟裡處理就好。

老爸過世一陣子之後，我們開始收拾老爸生前所遺留下的東西。原則上老爸生前幾乎沒有留下什麼貴重的物品，頂多要算珍藏的也就書而已。老爸的書還保留的也不多，後來最多的就是經書，除了經書，還有就是老中國文學的書籍。這些我們所知道的書籍，就讓它跟著老爸一起去西方極樂世界，好讓老爸在那也可以念一念他喜歡的書，不會太無聊。

老爸入土為安之後，我們就有空慢慢清理，其他留下的遺物，想說或許有些可以讓老媽留做紀念。雖然擔心老媽看了會難過，但是總不能因為怕難過就真的「船過水無痕」，一點都不保留。所以我們也一直不敢去整理倆老之前居住的臥房，畢竟那裡還是有很多美好的回憶。

今天剛好老姊和姊夫陪老媽去醫院做定期回診，我就和小阿杰留在家裡顧家，順便整理家裡和倆老的臥房，看看是否有些老爸遺留、然後用不到的東西，就順便清理。

剛好大家都不在，我就跟小阿杰說：「我們今天有個任務，你知道嗎？」

「我知道，媽咪說跟你一起清理公公的東西，然後不可以讓阿嬤知道。」

我又問：「你知道為什麼不能讓阿嬤知道嗎？」

「因為怕阿嬤難過。」

「然後還有沒有其他的？」

「醫院病菌多，媽咪叫我不要去。」

我就告訴他：「所以我們要尋寶，看看有沒有什麼寶貝，好不好？」

「好耶，又可以玩了。」

我接著說：「但是不可以弄亂，知道嗎？」

小阿杰就回答：「嗯，知道。」

既然都已經事先溝通清楚，也就可以開始動手了。

打開衣櫃，發現老爸的衣服還是原封不動、整整齊齊地掛在那裡，看起來老媽還是有留意到的。即便如此，老爸的衣服現在家裡也沒人可穿，留了只能占空間，但是衣服都還是很新的，畢竟我和老姊會定期給老爸、老媽補貨，以便到時有合適的衣服可穿，所以我就跟小阿杰說：「我們要先將公公的衣服打包然後送到樓下的慈濟中心，提供給需要的人。」

約莫半小時之後，我們整理出兩大行李箱的衣服，準備處理。然後再將衣櫃中老媽的衣服稍微調整擺放，看起來也就不會感覺很奇怪。

「來，我們將行李箱推到樓下去囉，準備出門了。」

小阿杰很興奮地回答：「好耶，出門了。」

就這樣，我們將衣服先行處理。

在回來的路上，小阿杰問我說：「阿姨，我之前有聽爺爺說，這些衣服可以燒給公公，我們為什麼不像爺爺說的做？」

我回答：「公公最喜歡的那兩套西裝、領帶、鞋子，我們都有燒給他，讓他在天國可以每天都穿自己喜歡的衣服，然後我們還有準備一些新的，也是公公喜歡的，都一起燒給他了。因為公公在另外一個世界不需要這麼多衣服，會穿不完的。所以我們把它捐給需要的人，也算是替公公做功德，這樣你知道了嗎？」

「阿姨，什麼叫作『做功德』？」小阿杰問。

「助人為善就是一種，像我們今天把這些衣服捐出來就算是囉，這樣公公在另外一個世界看到了也會高興的。」

「是喔！」

看起來應該是沒聽懂，但我也不知要如何解釋為好，就只能先這樣了吧！

衣服清理完畢之後，我再次看看衣櫃裡面還有沒有其他要處理的東西，突然發現衣櫃深處有一個老舊的皮箱，這個皮箱搬家時也沒留意到，如今卻突然出現，實在不知道裡面到底放了什麼東西。

我將此皮箱從櫃子拿了出來，皮箱外觀完好無缺，就只是舊了點，看起來有很多年的歷史，皮箱的正中間還刻上老爸名字與老家地址，想必這應該是老爸逃難時帶出來的箱子吧。

這個箱子拿起來還沉甸甸的，不曉得裝了什麼值得珍藏的東西。

將這箱子打開，裡面放了很多發黃的紙張和幾本書，我逐一檢視看看到底是什麼東西：皮箱裡有老爸以前家人的照片，原來我的爺爺、奶奶是長這樣的，老爸還有很多兄弟姊妹，只是來到台灣，我好像沒有見過照片上的任何一個人——這也為何這箱子雖然舊，但還是完好如初的原因，應該是老爸有時會拿出來看一看，思念因戰亂而分離的家人。

這時，小阿杰問我說：「這照片上的人是誰啊？」

我告訴他：「是我的公公和叔伯姑姑們，我也沒見過，今天也是第一天見到。」

「他們現在在哪裡？」

「我的公公和阿嬤很早以前就到西方極樂世界報到了，至於叔伯姑姑們可能還在大陸吧，我也沒見過。可以問媽咪，看看公公送回去時，有沒有見到。」

我將照片拿給小阿杰看，小阿杰將照片翻面，發現後面有寫字，猜想那應該是老爸寫的，上面寫了：「期盼團圓之日即現，母字。」原來是我阿嬤寫的，字很秀氣，應該也是個大家閨秀，這張照片確實有紀念意義，是值得珍藏。

然後又發現了很多張發黃紙張，寫的內容應該都是家書吧，只是沒法寄出去，所以就保留給自己當作一個紀念。

這時也才知道，當年逃難，一個家被搞得分崩離析，直至今日都無法團聚，算是一種折磨，如今或許在另一個世界團聚，也算是種幸福。

「這些紙張的字都是用毛筆字寫，好特別喔！」小阿杰說道。

「這是公公寫的，公公的字是很漂亮的。」我說。

「嗯，好像電腦印的。」

「對啊，公公以前的字都很漂亮，我們家的春聯都是公公寫的，只是後來公公年紀大了，毛筆沒法拿了，才沒用毛筆寫字。小阿杰你也要好好練習寫字，跟公公的字一樣漂亮，知道了嗎？」

小阿杰卻說：「拜託，我們現在都用電腦了。」

我告訴他說：「你媽咪和我的字也還可以，雖然沒有公公那麼漂亮，但還是可以讓人家看得懂，不會支離破碎，所以字要好好寫知道嗎？」

小阿杰就沒有回答了。

來不及寄出去的家書，如今也沒用了。

在家書與照片下面，有兩大本書，都是線裝本的，一本是經書，一本是《四書》節錄。我先翻開經書，原來都是手抄本，字跡秀麗，但是看不出來是出自哪位名家之手，這本書看起來可能比我還老，應該不是最近這幾年老爸寫的，翻到最後才發現原來是大陸一位寺廟師父給的。這時我才知道，老爸為何喜歡拿佛書，原來也是睹物思人，只是老爸拿的是印刷本，這本怎麼就沒拿出來用？

「好特別的書啊，跟我們現在念的書，長得都不一樣。」小阿杰說。

「是啊，這是線裝本，以前人都是念這種書籍，你看看人家寫的字多好看。」

「蛤，是佛經！」

我說：「對啊，這是公公以前的師父送他的書，公公很珍惜的，你看還有批注，到現在都還保存好好的。」

「如果是公公喜歡的，妳怎麼沒有讓公公帶走？」小阿杰問。

也對，幸虧這小子提醒了我，應該要讓這本書更發揮它的價值才對，所以我就跟小阿杰說：「公公現在已經在神佛旁邊學習，那裡就有很多經書了，這本書就留給我們或其他人使用。而且這字漂亮，我們也可以把這當字帖拿來練習寫字，順便多認識一下經書的深意。」

「既然公公有很多了，那就算了，當字帖可以研究研究，我來翻翻。」小阿杰就順手拿過去看一看，研究該如何處理這本書了。

另一本書，我看了一下作者，原來是老爸自己抄錄的，只是我從小到大也沒看過他寫這種東西，不知何時寫起來了，看了一下歲次甲辰，我算了一下應該是我出生前就有了，只是老爸怎麼會喜歡這種老八股的東西，真是想不通。

我就翻開第一頁，原來是寫注疏，總共也就只寫了三篇而已：第一篇〈禮運大同篇〉，戰爭久後，大家都會期待天下太平，這時禮運大同可能就是抒發對於烏托邦的期待。只可惜到現在我們都還在為了「顧肚子」的生活而努力，這種理想國，不知何時才能實踐，或許老爸現在正在西方極樂世界享受這種理想國吧。

第二篇《中庸》，子程子曰：「不偏之謂中，不易之謂庸。中者天下之正道；庸者天下之定理。」這應該也是我們一輩子所追求的做人做事目標，只是現實社會好像還是有困難，畢竟現在人的想法跟古人還是差很多的，所以只能期待司法界能夠好好地去執行中庸之道，讓所有的人事物都能有公平對待。

第三篇，老爸就只寫了幾個字「正德」、「利用」、「厚生」、「惟和」，這是何種深意？怎麼只有幾個字，其他就沒多寫什麼。我就跟小阿杰說：「那本書研究好了沒？這裡還有一本，是公公寫的，要不要看一看啊？」

小阿杰立即放下手上的經書，來看老爸寫一半的書。

「這本書公公跟我們玩腦筋急轉彎，看看我們能不能答出。來，你猜猜看這段是什麼意思。」

小阿杰不假思索地回答：「就是一個人。」

「小阿杰大師，請問這怎麼解？」

小阿杰就說：「還不容易，就是陳正德，常生病身體違和，所以老師利用，只能穿厚厚的衣服生出來。」

「這是什麼？」我問。

「我同學啊，就是這樣子，因為常生病，每天都穿得厚厚的。」

我只能回答：「喔~。」

我想，如果是孔孟老莊聽到，應該會昏倒吧！

然後我又跟小阿杰說：「這個阿姨也不懂，但一定不是你說的那樣。」又說：「這些是公公的寶貝，我們應該讓它們跟著公公才對。」

「公公已經不在了，我們要怎麼給？」

「這還不簡單，找個時間去廟裡直接燒給公公就好，要不要晚點去那間媽祖廟啊，請師父幫忙送去給公公？」

「去廟裡找媽祖幫我們送嗎？」小阿杰問。

「我也不是很清楚，這個就交給師父好了，等一下一起去好不好？」我說。

小阿杰想了想之後回答我說：「可以，我很好奇，公公怎麼收？」

「那我們現在整理整理，直接帶過去好了。」

大約十分鐘後，我們東西整理好，先吃午餐，吃完午餐休息一下，大約下午一點半，我和小阿杰就將東西拿到廟裡，請師父幫忙。這時，我看到李阿伯，李阿伯就說：「聽說妳父親走了啊？很突然耶！」

「是啊，走了快三個月了，我今天有事要請李阿伯幫忙。」

「有什麼事情，妳說！」

我就跟李阿伯說：「這一皮箱內的東西都是我老爸生前心愛之物，我想說請師父處理，讓老爸也可以在另外一個世界，也擁有這些重要的回憶。」

「這是什麼東西啊？」李阿伯問。

「就是一些書籍與以前的家書等，能不能請師父幫個忙處理？」

李阿伯就說：「這當然可以處理，妳有心，妳老爸在那邊也可以感受得到的，來，我帶妳去找師父處理。」我和小阿杰就跟著李阿伯一起去找師父。

見到了師父，李阿伯跟師父說明我們的來意，請師父直接處理。師父就跟我解釋了處理的過程並請我提供了一些老爸的基本資料和我與小阿杰的基本資料，然後說：「好，我知道了。現在你們兩個去點三炷香，點好了拿過來，我就準備處理。」

師父開始唸一堆我聽不懂的內容，我們就拿香跟著拜就對了，師父一下要我們跪下，一下又要我們叩頭，我們就照著做，大概十五分鐘後，師父說：「我已經先跟神明報告過你們的來意與希望，等一下神明會請妳父親過來，妳自己再跟他講一遍好了。」

什麼？請老爸魂魄過來，是要幹嘛？小孩子聽到這種會害怕，師父看到我們很錯愕的眼神，於是跟我們說：「你們是第一次來處理吧！」

「是的，請問師父請我老爸魂魄過來要幹嘛？讓他在西方極樂世界享福，我們把東西送過去就好了。」

師父就說：「原則上，在廟裡辦，就是請神明做主，讓亡者可以親自感受到你們的心意，這是最直接的，而且透過神明的幫助，原則上會讓亡者更好，所以不用擔心。」

「師父，我們可不會通靈，所以來了沒來也看不到。」

「有沒有來，妳一定可以感受得到的，你們再等一等喔。」師父講得若有其事。

又過了十五分鐘後，師父就叫了我，然後跟我說：「你們過來，誰要擲筊？」我跟師父說：「讓這小子來做吧，這是我老爸生前最疼愛的孫子。」

小阿杰就聽從師父的指令擲筊，擲了幾次筊後，師父說：「妳父親目前在神明旁邊，有想說的就說吧，時間寶貴。」

我問小阿杰：「有沒有想要跟公公說什麼？」

小阿杰就說：「有啊，公公不在家，就沒人陪我玩和神明沒人照顧了，神明很可憐。」

「你在說什麼？我們家的神明有阿嬷照顧。」

小阿杰卻說：「神明的食物都變少了，雖然每天變花樣，但跟以前都不一樣了。」

「是啊，我們家神明應變簡單了，你也長大了，讓公公看到你長大了，就會放心，知道嗎？」我說。

約莫再過五分鐘，我們該講的都講完了，師父就說：「可以將這些東西跟這張疏文與金紙一起化掉，這樣亡者就可以收到了。」

我謝謝師父後，就依照師父所說的方法去處理。處理完畢，我們跟李阿伯道別後就離開回家。

進家門沒多久，老媽也回來了，我跟老媽說：「老爸有一些留下來、我們也不能用的東西，我就捐出去了。」

「好啊，留了也沒用，那一箱東西妳有處理嗎？」

我說：「妳說的是這箱嗎？裡面的東西我剛剛已經去廟裡燒給老爸了，不行嗎？」

老媽回答：「既然都燒過去了，也好，希望妳老爸會高興。」

隔天一早，我們在吃早餐的時候，小阿杰說：「昨天我有夢到公公耶！」

「公公找你幹嘛？」我問。

小阿杰就說：「公公手上在數東西，然後跟我笑笑就不見了。」

這不會是託夢吧？雖然有聽過，但也沒碰到過，如果是的話，還真是第一次碰到。既然是笑笑的，應該是滿意的，那就好。

老爸走了一年半後，我就去美國完成學業回來台灣，剛好又碰到金融海嘯，回台工作也是有一搭沒一搭地做，所以與老姊商量，可能還是要出國工作，最後就又回去中國上班。

又經過了兩年，一晃眼老爸已經離開我們四年多了，小孩也都長大了，小阿杰也不再是那時懵懂無知的小孩，都已經是小五的大孩子了。這時台灣景氣好些，我還是不放心老媽的情況，所以考慮回台工作。

突然一個星期六下午，老媽喊不舒服，我去看了一下，發現她在冒冷汗，還喊著痛，我看狀況不對趕緊叫車送醫。一進去醫院，醫師判定是心臟出毛病，所以就趕快急救。

不會吧？連老媽也打算離開我們？這也太突然了。

幸好醫師緊急做了處理，病情緩和下來，老媽的命算是救回來了，但是身體狀況就真的大不如前。看了一下老媽，發現老媽也真的老了，我也不能再像以前一樣，經常不在家裡面，就順勢在台灣找工作。

這樣大概過了三個月，一切看似正常的某個星期五晚上，老媽突然又滿臉發白冒冷汗，我們嚇死了，第一次看到整個人都顫抖，我們又趕快送去醫院。一到醫院，醫師先幫老媽做了簡單的檢查，二話不說就進去加護病房，可是這次，就沒上次那麼幸運了。醫師幫老媽做了很多檢查，進出幾次手術室，試過了幾種方法，都還是不行，醫師看到我們很頭大，只能說還在查：「老婆婆的心臟狀況很特別，跟別人都不一樣，屬於罕見病例，並且醫院已經組織一個醫療團隊要來處理，希望能多點耐心……。」

我突然想到說，可以找醫師同學幫個忙問一下，我就打電話給我研究所認識的醫師同學，請他關照一下，並且幫忙了解情況。我說：「我母親目前在你們醫院心臟內科住院，可是好像都沒法獲得病情解答，我們的主治醫師說還要檢查確定，可是這是人命關天的事情，可不可以幫我個忙，確定到底是怎麼一回事。」

沒多久，同學就回報我說：「妳母親真的是很罕見的病例，到目前為止我們醫院也只有發生過兩起類似的病例，所以妳母親的主治醫師說的沒錯，他可是很優秀的醫師，放心，他會盡力的，我也關照過了。」我謝謝同學的消息後就掛了電話，心想：罕見病例？

通常不都是遺傳基因的問題？但是我怎麼都沒聽過哪個阿姨或舅舅也如此？而且醫不好會死人的，你們不是號稱全台心臟內科最強的醫院，怕弄不好是要砸招牌的，所以會不會找人來框我？可是我也沒辦法，我又不是醫生，也只能交給你們了，既然你們說要再等等，就只能再等等。

這時候我心中突然浮出一個想法：對了，去求神明說不定有用，死馬當活馬醫。

就這樣，隔天一早我就請假去廟裡求神明，請神明幫忙。

又過了一天，醫師來告知，找到問題點和處理的方法了。

不會這麼神吧？才去求一下就有效？

一週後老媽出院了，出院當天我就和老媽一起去廟裡謝神。

可是自從這次出院後，老媽有一邊的手就漸漸地沒有力氣，走路需要人家攙扶、雙手會不停顫抖，連碗筷都拿不穩了。自此，老媽吃飯就必須靠人餵食，也沒辦法再像以前行動自如，因此也只能讓看護長期照顧母親。

即便如此，我和老姊還是想辦法，希望讓老媽能夠像以前一樣，只是看了很久的病、換了好幾個醫師都沒有答案。我就想，自己再去請神明幫忙，結果這次神明沒答應，要求要帶老媽一起過來。既然如此，我就帶老媽過去請神明幫忙，看看到底是哪裡有問題。本來想說我自己來處理，可是問了半天都沒有答案，所以就想說換個方式試試看，改成我來問，老媽擲筊。最後神明給的指示是說，再去做一次影像檢查就可以發現問題。我也很納悶，索性就當作是真的，找個時間回診，請醫師再安排一次檢查。

一週後，檢查報告出來，醫師告訴我說：「老婆婆的腦中有血塊，確定是中風。」

我問醫師：「為何前面幾次檢查都找不到原因？不會是這陣子才中風的吧？」

醫師就說：「中風成因有很多，出血點或阻塞點每個病況都不一定一樣，特別是像婆婆這種心室有異常的病人，狀況會比較複雜。雖然現階段科技很進步，但是醫療影像檢查還是有其限制性，所以只能靠前後照片去比對發現，這個血塊應該是上次心跳異常引起的，但是上次照的時候血塊不明顯就沒發現，這次照就可以明確地看出來，應該已經一陣子了，還好不大，靠藥物和復健就好，不需要開刀。」

既然醫師都這樣說了，還能怎麼辦，醫療技術這麼發達，還是有其限制的。

只是，怎麼以前都看不到，這次去求卻說再照個片子就可以，真的也太巧了吧，總不可能神蹟降臨？反正既然知道了就好處理，我就再找個時間，帶老媽一起去廟裡謝神。

有一天，我突然看到一個電視節目介紹拜拜的事情，我聽了覺得很有道理，就去書店買書研究一下，想說哪天真的有事情，要求神明時試試看會不會準。

到了冬天，老媽因肺炎住院，我和老姊都快被嚇死，想說之前老爸就是肺炎走的，要多多留意，如果一有什麼不對就要準備。只是這次老媽肺炎住院的狀況真的不是很好，發燒症狀一直沒有獲得改善，連續住了兩週都沒好，老媽也一副很累的樣子，我們姊妹心都慌了。

這時我又想到，前面幾次都可以化險為夷，雖然事不過三，但我還是不相信，就跟姊姊商量後，跟她說：前幾次老媽住院我都有偷偷去求神明幫忙，好像有效，這次我覺得還是去求一下，或許會變好。對了，家裡還有一些妳婆婆之前過世留下的符仔，我就拿來用。

老姊這次就沒像之前那樣罵我迷信，只說妳去試試看吧，希望老媽能像之前一樣幸運有效，我想說她應該是想通了。

結果這次我總共去了廟裡三趟，前兩趟問了半天都沒一點指示，直到第三次來到廟裡，我碰到了李阿伯：「李阿伯您好啊，好久不見了！」

「是啊，真的好久，自從妳爸走了之後，我聽妳媽說妳都在國外，全家都還平安吧？」

我就跟李阿伯說：「不太好，我媽生病住院，住了快兩個禮拜，但是醫師也找不出辦法，所以來請媽祖幫忙，只是這兩次都沒有答案，看看今天的運氣如何，只是剛剛試了還是不行，頭有點大，是哪裡有問題啊？」

李阿伯說：「妳要不要，許個願試試看？」

「我有啊，跟媽祖說好了會捐錢或做義工都沒有。」

「可能這個都不是媽祖要的答案，其實神明沒那麼現實，或許妳說的，都不是祂想要妳做的，妳可以換個方式或答案再問一問，這我就幫不了妳。」

我心想：我又不是神明肚子裡的蛔蟲，怎麼會知道祂在想什麼？索性這樣辦好了，我就用之前看的那本書上教的方式問神明，結果發現好像不是單純的生病，還有其他問題，於是我問了幾個項目後，得到的答案是說：老媽本來就感冒生病了，醫師給的藥方也沒問題，只因為老媽身體比較弱，有受到醫院一些不乾淨的東西干擾，所以才一直沒好。

然後我就請求媽祖幫忙，求了幾次都沒有得到聖筊，在快放棄的時候，我突然對著正殿神像說：「我不知道您要我做什麼，如果可以的話，您跟我說，只要我老媽可以平安出院頤享天年，我會用您期待的方式回報。」我並沒有擲筊就轉身離去，想說這次媽祖可能真的幫不了我們了，只好自己繼續去想辦法。接著就去跟李阿伯說：「李阿伯，我要先回去了。」

「有問到了嗎？」李阿伯問。

「應該算是有，但是沒辦法確定是不是真的，因為神明的意思是說有被不乾淨的東西干擾，所以才一直不會好，我也沒法判斷正確與否。」

李阿伯說：「知道了就能處理，那媽祖有答應妳要幫妳處理嗎？」

「我有提了很多個提議，如蓋廟、協助地方建設、照顧老人……總共七、八種選項，祂都不答應，我真的不知道祂要我做什麼，還是這次祂真的不能幫了，因為事不過三？」我說。

「事不過三？這怎麼說？」

「我媽前兩次生病住院，我都有來求神明幫忙，祂都幫了，這次是第三次，可能就是因為已經幫了兩次，所以沒法幫吧。」我跟李阿伯說。

「嗯，好像也有道理，可是神明世界應該不是這樣才對。對了妳說不乾淨，知道是什麼嗎？」

「我也不知道，我只知道如果真的有不乾淨的東西，家裡還有一些出殯用的符仔，應該有效，只是前幾天有用過，好像也沒比較好，不然家裡還有我姊夫從廟裡帶來的『神水』，然後我有帶我媽的衣服要給師父處理，通通合在一起試試看，最壞也不過現在這狀況而已。」

李阿伯就說：「也好，能試就去試試吧，總有一絲希望。」然後我就跟李阿伯道別離開，趕快回家把東西準備好帶去醫院給老媽用。

到醫院後，我跟老姊說：「我有去問，老媽好像是有碰到不乾淨的東西，所以我就再將『神水』和處理過的衣服帶來一起用，先給老媽擦擦，然後裡面換上這件衣服，試試看吧。」我就在醫院病房找個地方，將符仔加神水混合給老媽全身擦一擦，再穿上有蓋章的衣服，看看是否有效。處理完之後我就回家去了。

當天晚上我做了一個夢，夢中出現好久以前有見過的一個身影，她開口說道：「妳終於又來找我了，我就是林阿姊啊，以前我來台北是妳幫我的，還記得嗎？」

夢中的我回答：「喔，林阿姊您好啊，請問阿姊有什麼事情嗎？」其實我不知道她是哪個朋友，真的想不起來。

林阿姊便說：「我這個笨弟子……。」夢中出現一片金光，然後有個穿戴冠服、很像神明的人，她開口說：「是我啊，妳想起來了吧！」

「祢是媽祖？」

那個神明回答：「對，就是我，妳今天不是有來廟裡找我？」

「是啊，我請您幫幫忙好不好，您是慈悲的，能不能讓我媽減少痛苦些。」

媽祖說：「我就是要來告訴妳，其實妳自己就有方法和答案，只是用法不對達不到效果，我來見妳，就是我答應要幫妳。妳放心，一週後妳母親就可以出院了，但是妳可別忘記答應我的事情～。」之後眼前只剩一片金光，然後我就醒了。

我起床後就想：剛剛那是夢吧，怎麼這麼真實，好像媽祖真的有來過？啊，不可能、不可能，就是個夢而已，我若跟人家說夢到神明，而且神明真的有來找我，人家可能會認為我是瘋子。

我沒多想便趕著出門去上班。晚上下班後去醫院陪老媽，老媽的看護告訴我說：「阿嬤昨天到今天流了一身汗，我剛才幫她洗澡時後就將衣服換下來了。」

這時老媽的住院醫師也來跟我說：「妳母親的病因我們已經找到了，我們馬上換藥治療，這次是專門針對這種細菌……。」

既然找到了就好，然後我突然隨口問了醫師：「前幾天不是說都不確定，怎麼今天就可以肯定？」

醫師回答：「我們幫伯母做了很多實驗和細菌培養，比對很多卻都不是，今天早上試了一株，與特殊的菌種比對，確定就是這種。通常以肺炎來說，很少會是這種細菌引起的，所以我們換了藥，阿嬤來，我們量一下體溫。」

「好，三十七度，降下來了，再觀察個幾天，畢竟這種抗生素的療程要一週，阿嬤，妳就好好休息。」

「謝謝醫師。」我向醫師道謝。

終於藥石有效了，會不會真的是神明顯靈了？不會、不會的，太穿鑿附會了，講出去也不會有人信，說不定人家還把我當瘋子不成。不然以後大家生病，都不看醫師求神明就好，怎麼可能。

一週後老媽真的順利地出院了，那週我就自己找個時間去廟裡拜拜，謝謝神明庇佑順利出院，要離開的時候看到李阿伯，我就走過去打招呼，然後跟李阿伯說：「您還記不記得上回我有來廟裡，然後跟您說我要請求神明庇佑我媽這次可以逢凶化吉，順利出院。神明最後好像是有答應我的請求，只是我不記得我有答應祂……，我跟您說，那天晚上我好像夢到媽祖，祂好像有來找我，跟我說已經處理好了，然後要我不要忘記……。」

「是喔，妳真的跟媽祖很有緣啊，竟然可以夢到祂。我這輩子可是都還沒有夢過祂，祂還跟妳報告，妳很特別喔！」李阿伯說。

我突然靈光一閃，就跟李阿伯說：「啊，會不會是那個？我之前有跟祂說，只要祂答應幫忙，以後祂要我怎樣就怎樣，不是這個吧？」

李阿伯聽完告訴我：「妳就去正殿問祂想要妳做什麼，看看祂的回應。」

我心想，老人家瘋了，神明怎麼會講話。從小到大，大人就說只能問是不是的問題，如果神明可以回答我們，我又何必問半天沒答案。即便如此，我還是乖乖地去正殿問清楚，不然有答應沒做到，是會出事的！

可是我問了半天一樣沒有答案，心裡又開始發牢騷，然後看著正殿媽祖神像，我就跟祂說：如果那天祢真的來我夢中顯靈，這樣吧，祢今天晚上再來一趟，然後告訴我，祢到底想我做什麼。在回家的路上我就想說，今天沒問到，過幾天再來，有欠的還是要還，欠過年總是不好。

當天晚上，我什麼夢都沒有，我想真的是我想太多了，怎麼可能我叫祂來祂就來，我是誰啊。

又過了一週之後，某天晚上我又做夢了，夢境裡有個阿姊跟我說：「妳怎麼這幾天都沒來，不是說好我幫妳母親妳會遵照我的意思……。」我當場被嚇醒了。

不會吧？明天去趟廟好了。

隔天下午我特地請假，去了一趟媽祖廟，我跟媽祖說：「我大概知道祢要什麼，可是有些我不會、我也沒有很多錢，所以捐大錢的我沒辦法，我能做的我有想了幾項，我想祢最希望我用做社會公益的方式來報答神恩，祢看看哪項是祢想要我做的？」

我總共開了幾項：鼓勵大家來這捐款、去醫院或安養中心當義工、假日撿垃圾，掃公園……，結果都不是，那是要怎樣啊，總不會叫我去做乩童吧？叩叩叩，沒有，幸好不是，不然就慘了。

由於還是想不到到底要我幹嘛，我突然想說，或許也可以去教書，教化世人也是功德一件。只是能教什麼？我會的就那些，仍然想不到，就先回去，等想通再來。

過幾天，剛好是星期天，我早上又來一趟廟，想說事情還是要解決。我跟媽祖說：「我大概知道祢要什麼了，我之前有看一套書，學會了擲筊問神的方式，這一次我用書裡的方法問到答案，所以我們家算是受益者，因此我想，我可以免費教大家這個，讓有需要的人都可以學會，也都可以沐浴神恩，這個應該是祢要的？」

結果還真的是耶！

我接下來又問說：「哪種方法祢覺得好？一般教人家的方式有幾種，可是都很花錢，我又沒錢可以租場地授課，所以我想了幾種方式，看祢覺得哪種比較好？」

結果媽祖選擇了臉書開板傳遞這些正確方式，並且還確定要用「問神解答班」這名稱開板。

我後來想了想，也對，這完全不花錢，我也可以有空再回，不會影響正常工作——原來祢真的有考慮周全啊。

等我板開好了，又回去廟裡跟媽祖報告：板已建好，就請您有空常來看看吧，我不會的，您可是要教教我、幫幫我，不然我也沒辦法去完成您期待的任務。

直至今日，這個問神解答班即將邁入第四個年頭了，在這經營的過程中，我們家也發生了很多事情，一些自己可能當時也不知是真是假的東西，但還是去試了，透過眾神明的無私奉獻和協助，問題也就一步一步解決，情況也越來越好。

或許神明們還真的隨時隨地有在關心這板中發問的問題，當我找不到答案，就會有好心的網友幫忙解決問題，我也從中學到了新的知識。也許這就是所謂神明真正要的東西——無私奉獻，和你用你的智慧去做正確的判斷。

後記　關於問神解答班

問神解答班，是報答神恩、以及提倡正確拜拜觀念與方法的園地，期盼透過個人親身經歷，去破解許多長期以來對於拜拜與宗教認知過於迷信，或人云亦云的風氣，進而重新認識並了解信仰的價值與力量，促進社會更加進步與祥和。

問神解答班開板的第一年，我主要分享自己受到神恩的過程，與告訴有緣人我是怎麼做到的，也深信我可以你應該也可以。但由於我提供的方法與觀念都是我自身成功的經歷，與目前很多導師、師父、仙姑所使用的模式和方法不太一樣，為此我也曾很茫然地想說，為什麼大家都還是認為一定要透過人間師父去達成與神明溝通的模式。後來我想通了，這不是我應該去想的問題，因為我要做的是：當你有問題，試過了很多方法，然後還是很茫然、無法得到解決時，如果你我有緣，你就會找到我，聽聽看我不一樣的想法，或許你就可以找到另一個出口，事情也就迎刃而解。

所以我調整了心態，也就一切隨緣，不強求。畢竟這個東西講求的是緣分，因此我就繼續做我應該做的、也認為是對的事情，更將曾經發生在我身上的成功案例，繼續分享給所有人，期待哪天當你遇到與我同樣的情況時，我的方法你也可以適用，畢竟我的方法是不花什麼錢就可以解決。

當問神解答班邁入第二年的時候，或許是已經有人知道這個板可以免費提供諮詢意見，開始有人會陸陸續續來詢問，畢竟多聽聽別人的意見和看法是一件好事。這時我想說，或許是我的努力神明有看到，也願意讓我繼續為大家服務，所以我曾經想說將此板轉化成正式社團模式，直接接受政府管理與監督，表示我真的有心要走正道。

就在此時我發現，有些網友就會來問神解答班臉書上，開始進行相互攻擊。當下讓我覺得，原本好事一件，怎麼會變成這樣？這已經不是我當初想要的，所以即使我盡力地制止，還是免不了一些言語攻擊，為此我曾經去問過神明們，難道是我做錯了？我要的不就是和祢想的一樣——倡導正確拜拜觀念而已，而且我也都有跟祢們報告過現在的執行情況和下一步計畫，怎麼會演變成如今的局面，完全超乎我的想像之外。

可是神明並沒有給我任何啟示和答案，直到有一天，我碰到了李阿伯，然後跟他說：「我現在真的相信，信仰的力量與神明真的是會幫助我們的，所以我也很努力地去完成每一件我所承諾的任務，但是我真不知道為何現在會變成這樣？」

李阿伯回答我說：「這應該是神明交給妳的另一項功課，也是祂對妳的期待，妳要好好加油。」

我當下聽不懂這是什麼意思，直到有一天我看到電視新聞報導，南投某廟宇每年有很多人捐香油錢，這時才突然想到，會不會我擋人財路？畢竟台灣宗教產業一年營業額也是很可觀的。我就開始研究台灣一般宮廟、師父、仙姑的做法，原來很多都會跟你說一些我也沒法理解的內容，譬如說：你與神佛有緣要修啊，你前世或累世欠下的債今生要償還，不然就說冤親債主、祖先牌位有問題，然後再講了一大套說詞，要你開始給錢供奉或處理，我才明白這個產業的特性。

我才了解到，如果我真的照原先計畫做，一定會變成眾矢之的，就算真的設立成功，也不是所有人想的都和我一樣，反而有違初衷，因此當下，我就決定還是改照臉書模式繼續，實體社團就不要了，一場風波終算過去了。

可是這事情並未了結，開始有些號稱老師級的人物，以網友名義來試探我的功力了。這本就是遲早的事情，只是沒想到這麼快而已。我也開始接受正面挑戰，在接受挑戰過程中，發現真的有些網友和我一樣是來奉獻與幫助別人的，也會主動撥亂反正。而在這過程中，我也發現，我和那些老師、仙姑的宗教學習與認知過程是大異其趣，很多人都說要做我們這種必須要帶天命、從小與神佛有特殊緣分、還要會通靈，除此之外，一定要有人間導師引領入門。可是回想我自己的狀況，我好像都沒有——通靈？我是看不到、也聽不到，所以應該沒通？帶天命有靈異體質？與神佛有特殊緣分？除非你說那次幫忙遶境活動有算，但那也是多久之前的事情了，想想自己都很想笑。還是說睡覺會夢到神明？而且有些還會成真，這應該不是只有我有吧？別忘了我們小阿杰也說過自己夢到神明耶！至於靈異體質？我從小就跟一般小孩一樣，只是身體比較差點、愛生病，常跑醫院而已，這樣應該也不算有吧。

我細細數了，發現他們講的我都沒有。可是我只有一個是你們都沒講到的，就是我去廟裡求事情，當真的不懂神明給的答案或是當下得不到答案時，我會跟神明說請您來夢裡教我吧，不然就是有大事要我處理，請來我夢裡提醒我一下，也就如此。只是當時我還不能分辨到底是神明託夢，還是自己日有所思夜有所夢，總是只能等到事情發生時，我才發現是真的託夢。經過幾次驗證後，我開始知道我的夢境會成真，一定要留心，能事先避免則避免，也因此讓我當時在工作上避免掉一些問題。

為了要消弭一些傳言，因此我就在版上說明自己與那些號稱老師、仙姑的人有所不同，只是提供個人成功的經驗。唐人韓愈的〈師說〉有提及：「師者，傳道、受業、解惑也。」如果以這個評斷是否為師的條件，我有提供個人經驗並傳達正統信仰的概念，應該有「傳道」，但是「受業」，這可就沒有了，畢竟我也沒有達到可以「受業」的條件與水準；至於「解惑」，這只能說佛度有緣人，你若覺得我說的可以相信、也解除你的疑惑，應該就是有，如果我跟你說了，你最後還是選擇其他方式，那就沒有了。所以我應該也稱不上「師」也。若硬要說有特質也就只有一樣——就是夢境成真機會比較大，但也不是每個都會成真。

這樣也還是招來許多人的不同看法，因為我發現的經驗和許多台面上的老師們不太一樣。我也曾好奇為何我和別人都不一樣，因此我真的就很認真去問媽祖和其他神明，怎麼我會和別人不一樣？當下我並沒有得到神明任何的回應與指示，我就想說既然祢不願意說，就有可能是天機，要我自己去參透。

這時，我有空就看一些各國有名宗教大師寫的東西，想想或許可找到一些蛛絲馬跡。只是看越多，就發現正統的佛道儒教，都沒有強調通靈這件事情，而是強調心正意誠與宗教形式所代表的意義，這又與台面上的老師們說的好像不太一樣，倒是跟我認知的比較接近，算是讓我吃了一個定心丸，讓我更有勇氣往前走；至於天機，那就不需要知道了，因為已經不重要，畢竟走對的路才是重點。

有一天，我從電視聽到關於神明選擇代言人的條件，我就突然想：為何神明會選擇我，而不是選別人，總有一些原因吧？一定不是像祂說的，因為我許了宏願，如果只是我許下宏願，那麼全天下應該有更多人許的願比我還大、還要宏觀才是啊，但是不是每個人都有被選上，也許就是所謂的天機。要參透天機可不是這麼容易的一件事情，畢竟很多得道高僧也一輩子都參不透，可是我還是想要追根究柢，所以就抽絲剝繭找了幾個可能的答案直接去問媽祖，結果還真的被我料中了，根本不是只有宏願，還有其他的，只是那個答案也是我無意間亂兜的，沒想到還會兜對，但我不太相信，所以我又跑去問玉皇大帝和菩薩，結果答案一樣，真是讓我受寵若驚——與我的執行力有關係。

過沒多久之後，我閒來沒事，想說念一下書也好，於是我走到書櫃前面，順手拿出塵封已久的《中國文學選》來看，想說也好久沒念書了，這老東西還是有很多好的含意，值得回味一番，算是欣賞中國文學美好，也是很不錯的。我翻到一篇〈古者庖犧氏章〉，講述上古時代聖賢王者教化於民的故事與卦象的內容。我想：哦，原來這些都是有來由的，不是隨隨便便的，也算是古人的智慧結晶。看完這篇之後，我就把書櫃中的《易經》取出來看一看，畢竟很多人都說易經教占卜之術，這看起來好像有點以偏概全，只是《易經》為古文，真的看不太懂，只知道很多人對《易經》是有誤解的，畢竟它可不是一本簡單的占卜用書，而是強調你當下所做的決定與行動，將會對未來產生變化，事出必有因，大概就這樣。

在某一次的因緣際會下，我瞭解了前世今生的關連性與意義，這與《易經》所說的概念是可以相互輝映的。雖然前世如何，這是我們沒法判斷的，但是我可以知道，任何決定都是捨得之間，一旦決定了，不論結果好與壞，都得自己去承受，因此我更留心於身邊周遭的人事物，更加珍惜身邊與我有關的人事物，也更清楚無須為此所困惑。自此那些挑戰也就告一段落，開始又有網友來信求解，我想這就有可能是李阿伯或是師父、仙姑所謂的魔考？神考？我應該是考試通過了，自此後鮮少再有人來測試了。

當問神解答班進入第三個年頭時，我碰到了一個新問題：就是我到底要不要轉行，專心地做宗教工作？

由於先前工作時常較為忙碌，很多時候也沒空去吸取新知，來增加自己視野與知識，碰到某些問題也要苦思許久才能回覆，總覺得力有不逮，但是又不想放棄，實屬兩難。後來我就自己想通，學習不應該自己給自己設限，想當初為了出國念書，不惜一切代價拚命念書，一個人在國外生活不也是熬過來了，有心哪有做不到的事情。

就在某次與網友的聚會上，有人問我說：「既然妳可以跟神明溝通，妳為什麼不請神明幫妳開天眼讓妳看得到？」我回答說：「其實，我是有想過這問題，當時神明選擇我時，我就沒有看得到無形界的能力，為何現在就要有？難道必須要看得到才能幫忙？好像不是這麼一回事情吧！因為行善由心、由行為，而不是看得到還看不到的問題。說實話，我沒辦法跟神明直接面對面溝通，畢竟我也是透過擲筊、籤詩、託夢，來了解神明要的或指示，如果這算是溝通那就是吧。」

後來又有人問我說：「妳說的我也都有做，但就是沒得到解決，為何差這麼多？」我當下回答：「我是真的依照神明給的指示，一步一步不偷工減料、也不假手他人，自己努力去實踐，不會或碰到問題是自己先去找答案，找不到就問人，真的問了也沒有答案才去問神，問到答案就先去做，做了有問題，繼續想辦法突破任何障礙，盡力去完成。就像我母親家族的紛爭，我也曾想說，我這個晚輩能幫什麼？結果我去試了，我去努力，家族長輩看到你的用心與誠意，也就願意先放下心中的敵對，最後結果還是有好答案。不畫地自限，真切且認真執行，盡最大的努力，這就是我的做法，我相信你有心且努力，神明一定會幫你。」

然後我就問對方：「你是不是也跟我一樣的做法？」對方回答我：「我沒像妳……。」我就告訴對方說：「這就是你和我的差別，或許這才是重點。」這次回答也讓我知道，「為何我可以你不行」的問題，除了方法還有就是心態，更讓我清楚神明所謂「我的執行力」。

經過這幾年服務與學習的過程，我深知我的功能與使命，我與朋友們提起有能力者，應取之於社會，還之於社會，去幫助社會上需要幫助的人，因此我們幾個朋友就開始致力關心台灣偏鄉醫療與資源不均的問題，期待透過個人擁有的資源，去造福這片我們深愛的土地，也期盼透過我們的行動，拋磚引玉。因此為了能夠讓這個使命，不因人力物力匱乏而停滯，在一次活動上聽到國外新的商業模式，也算是社會企業，而且也可以將目前手上資源更加充分利用，注入助人的資金活水，我與朋友談起這個概念後，就毅然決然投入。雖然創業過程艱辛，但我並不後悔，因為這可以讓我做我想做的事情，完成想完成的夢想，也更有能力可以協助別人完成夢想，我想這才是神明真正想要的、也期盼已久的事情

問神解答班

作者	涂琦臻
發行人	林敬彬
主編	楊安瑜
副主編	黃谷光
助理編輯	杜耘希
內頁編排	杜耘希
封面設計	何郁芬（小痕跡設計）
編輯協力	陳于雯、曾國堯
出版	大旗出版社
發行	大都會文化事業有限公司

11051台北市信義區基隆路一段432號4樓之9
讀者服務專線：(02) 27235216
讀者服務傳真：(02) 27235220
電子郵件信箱：metro@ms21.hinet.net
網　　址：www.metrobook.com.tw

郵政劃撥	14050529 大都會文化事業有限公司
出版日期	2016年10月初版一刷
定價	300元
ISBN	978-986-93450-5-7
書號	B161001

First published in Taiwan in 2016 by Banner Publishing,
a division of Metropolitan Culture Enterprise Co., Ltd.

4F-9, Double Hero Bldg., 432, Keelung Rd., Sec. 1, Taipei 11051, Taiwan
Tel: +886-2-2723-5216　Fax: +886-2-2723-5220
Web-site: www.metrobook.com.tw
E-mail: metro@ms21.hinet.net

大旗出版 BANNER PUBLISHING　大都會文化

國家圖書館出版品預行編目（CIP）資料

問神解答班 / 涂琦臻著.
-- 初版. -- 臺北市，大旗出版：大都會文化發行, 2016. 10
256 面 ; 14.8×21 公分.

ISBN 978-986-93450-5-7（平裝）

1. 祠祀 2. 祭禮 3. 民間信仰

272.92　105017589

大都會文化 讀者服務卡

書名：**問神解答班**

謝謝您選擇了這本書！期待您的支持與建議，讓我們能有更多聯繫與互動的機會。

A. 您在何時購得本書：______年______月______日

B. 您在何處購得本書：___________書店，位於___________(市、縣)

C. 您從哪裡得知本書的消息：

1.□書店 2.□報章雜誌 3.□電台活動 4.□網路資訊

5.□書籤宣傳品等 6.□親友介紹 7.□書評 8.□其他

D. 您購買本書的動機：（可複選）

1.□對主題或內容感興趣 2.□工作需要 3.□生活需要

4.□自我進修 5.□內容為流行熱門話題 6.□其他

E. 您最喜歡本書的：（可複選）

1.□內容題材 2.□字體大小 3.□翻譯文筆 4.□封面 5.□編排方式 6.□其他

F. 您認為本書的封面：1.□非常出色 2.□普通 3.□毫不起眼 4.□其他

G. 您認為本書的編排：1.□非常出色 2.□普通 3.□毫不起眼 4.□其他

H. 您通常以哪些方式購書：(可複選)

1.□逛書店 2.□書展 3.□劃撥郵購 4.□團體訂購 5.□網路購書 6.□其他

I. 您希望我們出版哪類書籍：（可複選）

1.□旅遊 2.□流行文化 3.□生活休閒 4.□美容保養 5.□散文小品

6.□科學新知 7.□藝術音樂 8.□致富理財 9.□工商企管 10.□科幻推理

11.□史地類 12.□勵志傳記 13.□電影小說 14.□語言學習（____語）

15.□幽默諧趣 16.□其他

J. 您對本書（系）的建議：

K. 您對本出版社的建議：

讀者小檔案

姓名：______________ 性別：□男 □女 生日：____年____月____日

年齡：□20歲以下 □21～30歲 □31～40歲 □41～50歲 □51歲以上

職業：1.□學生 2.□軍公教 3.□大眾傳播 4.□服務業 5.□金融業 6.□製造業

7.□資訊業 8.□自由業 9.□家管 10.□退休 11.□其他

學歷：□國小或以下 □國中 □高中／高職 □大學／大專 □研究所以上

通訊地址：________________________________

電話：（H）______________（O）______________ 傳真：______________

行動電話：______________ E-Mail：______________

◎謝謝您購買本書，歡迎您上大都會文化網站（www.metrobook.com.tw）登錄會員，或至Facebook（www.facebook.com/metrobook2）為我們按個讚，您將不定期收到最新的圖書訊息與電子報。

大都會文化事業有限公司
讀　者　服　務　部　　收

11051台北市基隆路一段432號4樓之9

寄回這張服務卡〔免貼郵票〕
您可以：
◎不定期收到最新出版訊息
◎參加各項回饋優惠活動

98-04-43-04

郵政劃撥儲金存款單

收款帳號	1	4	0	5	0	5	2	9

金額 新台幣（小寫）	億	仟萬	佰萬	拾萬	萬	仟	佰	拾	元

收款戶名：大都會文化事業有限公司

寄款人 □他人存款 □本戶存款

姓名

地址 □□□-□□

電話

主管：

經辦局收款戳

虛線內備供機器印錄用請勿填寫

通訊欄（限與本次存款有關事項）

我要購買以下書籍

書名	單價	數量	合計

購書金額未滿600元，另加收60元國內掛號郵資或貨運專送運費。

總計數量及金額：共＿＿本，合計＿＿元

◎寄款人請注意背面說明

◎本收據由電腦印錄請勿填寫

郵政劃撥儲金存款收據

收款帳號戶名

存款金額

電腦紀錄

經辦局收款戳

郵政劃撥存款收據注意事項

一、本收據請妥為保管，以便日後查考。
二、如欲查詢存款入帳詳情時，請檢附本收據及已填妥之查詢函向任一郵局辦理
三、本收據各項金額、數字係機器印製，如非機器列印或經塗改或無收款郵局收訖章者無效。

大都會文化、大旗出版社讀者請注意

一、帳號、戶名及寄款人姓名地址各欄請詳細填明，以免誤寄；抵付票據之存款，務請於交換前一天存入。
二、本存款單金額之幣別為新台幣，每筆存款至少須在新台幣十五元以上，且限填至元位為止。
三、倘金額塗改時請更換存款單重新填寫。
四、本存款單不得黏貼或附寄任何文件。
五、本存款金額業經電腦登帳後，不得申請撤回。
六、本存款單備供電腦影像處理，請以正楷工整書寫並請勿摺疊。帳戶如需自印存款單，各欄文字及規格必須與本單完全相符；如有不符，各局應婉請寄款人更換郵局印製之存款單填寫，以利處理。
七、 本存款單帳號與金額欄請以阿拉伯數字書寫 。
八、 帳戶本人在「付款局」所在直轄市或縣(市)以外之行政區域存款，需由帳戶內扣收手續費 。

如果您在存款上有任何問題，歡迎您來電洽詢
讀者服務專線：(02)2723-5216(代表線)
為您服務時間：09：00～18：00(週一至週五)

大都會文化事業有限公司　　讀者服務部

交易代號：0501、0502 現金存款　0503票據存款　2212 劃撥票據託收